# 悪党の金言

足立倫行
Adachi Noriyuki

a pilot of wisdom

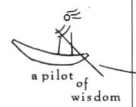

目次

〈あとがき〉にかえて――足立倫行へのインタビュー――259
（聞き手・重松　清）

〈まえがき〉

本書のインタビューは、月刊『PLAYBOY』の2005年8月号から08年8月号まで、私がPB誌上で行ったPBインタビュー8編のテキストを基盤としている。

月刊『PLAYBOY』のPBインタビューといえば、PB誌の看板企画の一つであり、登場人物は一流、インタビューの分量も通常の雑誌の2倍近く（400字詰め原稿用紙にして30枚前後）あって、読みごたえがあり、私も昔から愛読者の一人だった。

そんな私に、「インタビュアーをやりませんか？」と編集部から連絡があったのは、02年の夏だった。相手の希望も尋ねられたので、インタビュイー（被取材者）のリストを提出した。

その中から、建築家の安藤忠雄さんに決まり、大阪市の安藤忠雄建築事務所で話を聞き、02年10月号に私の最初のPBインタビューが掲載された。その後も希望者リストは提出したが、編集部の要請は年に1回程度であり、03年3月号でテレビ・キャスターの筑紫哲也さん、04年6月号で月刊『噂の真相』を休刊した元編集長の岡留安則さんをインタビューした。

この頃まで、私はPBインタビューのインタビュアー役を引き受けること自体が嬉しく、インタビュイーから、2時間ないし3時間という限られた時間のうちに、できるだけ多くの意見や情報を聞き出そうと、そのことばかりを心がけていたように思う。

しかし、05年8月号のPBインタビューで会うことになったドキュメンタリー作家・森達也さんのあたりから、もっとツッコミを入れ、インタビューの流れに起伏を持たせ、立体的な構成ができないか、と思い始めた。

海外の雑誌のインタビューを見ると、インタビュアーが相手の作品や思考、私生活についてかなり立ち入った、きわどい質問をすることがあり、それがうまくいくと、作品としてのインタビューの世界が膨らみ、とても面白い記事になる。失敗すると、警戒心のため相手の口調が重くなり、インタビューが平板化する。あるいは、「ノーコメント」の連続で、話の流れが途切れてしまう。

要は、短い時間の間に、インタビュイーがインタビュアーに「(本当のところを)話してもいい」と思うほど職業人として信用してくれるかどうか、である。

そのためにはインタビュアーは、インタビュイーに対する事前調査を十分にやっておく必要がある。時間は限られるので、質問の順番は重要だし、「どうしても聞きたい問題（ツッコミの対象）」も絞っておかなければならない。そして何より、インタビュイーに対する敵意がないこと、それどころか、好意があり、人間的な強い関心があるからこそ知りたいのだ、ということが時間内に相手に伝わっていないといけない。

私はこのような、一段掘り下げたインタビューは、各界の第一線で活躍する人物が登場し、通常の雑誌の倍近い原稿枚数が使えるＰＢインタビューでこそ、実施するのがふさわしい、と考えた。

幸い、私のアイデアは、編集部の賛同を得て、07年刊行の号で４人、08年刊行の号で3人と集中的にインタビューを行うことができた。いずれも、同時代の表現者として私が一目も二目も置いている人たちである。

私としては今回、ご登場を願った8人について、それぞれの人物の全体像を浮かび上がらせつつ、これまであまり知られていなかった側面にもスポットを当てたつもりだが、うまくいったかどうかは、個々の読者に判断をお任せするしかない。

予想どおりといいおうか、私がインタビューした人々は、皆さんその後も大活躍である。佐藤優さんはインタビュー後、『自壊する帝国』で06年の新潮ドキュメント賞と大宅壮一ノンフィクション賞を受賞したし、内田樹さんも、『私家版・ユダヤ文化論』で07年の小林秀雄賞を受賞している。

森達也さんのメディア横断的な表現活動はますます活発化しているし、島田裕巳さんは宗教関連、公明党、創価学会関連の書籍を中心に毎月のように新刊を出している。保阪正康さん、溝口敦さんの両御大は、もともとマイペースで、着実に仕事を積み重ねておられるし、まだ40代の重松清さんは、北京五輪のルポ『加油（ジャアヨウ）……！』を発表、ルポ作家としても新境地を切り拓いた。

一人、田中森一さんのみが塀の中だが、08年11月に前防衛事務次官守屋武昌被告に懲役2年6月の実刑判決が下り、防衛省汚職事件が実質幕引きとなって、田中さんのインタビュー時の予測がズバリ当たったことを考えると、出所後の活躍は約束されたも同然であろう。

いずれにしても、現在のメディアには過去になかったタイプの論者が多数輩出しており、今回、その中の中核的な人々の意見や半生を、このような形でインタビューにまとめることができたのは、私にとって非常に嬉しいことだ。〈あとがき〉で、重松さんが万年インタビュアーの私へのインタビューを買って出てくださったこと（冷や汗の連続だったが……）も、望外の喜び。ここに改めてお礼を申し述べておきたい。

## ①保阪正康（作家）

松下政経塾出身の政治家は、民主党に23人、自民党に22人。彼らは機能的右翼とでも呼ぶべき存在ではないかと思う。それは容易に官僚主義と結びつく。静かに増え続けているだけに、ちょっと不気味な気がしています。

私（足立）は鳥取県境港市の外江町《とのえちょう》の出身である。弓浜半島の突端にあり、私が子どもの頃は人口5000人ほどの半農半漁の町だった。

その外江町地区の歴史をまとめた『外江百話　ふるさとの史誌』という本があるが、中に、眺めるたびに目が釘付けになるページがある。郷土の戦没者名簿のページだ。

日清戦争が0名、日露戦争が4名、日華事変（日中戦争）が4名、しかし、太平洋戦争は実に114名が亡くなっている。住所と名前と年齢と戦没場所が、おそらく戦没順であろう、表になってただ整然と並んでいる。

——久雄（22）ソロモン海峡、——庄蔵（31）千島アッツ島、——三郎（29）ビルマ、——宗市（25）ニューギニア、——等（27）タイ、——暁（20）東支那海、——啓（20）台湾海峡、——政信（23）ルソン島、——光治（21）満州牡丹江《ぼたんこう》省……。

先の大戦の犠牲者310万人のうちの一部、と言えばそれまでだが、ウチの町のような小さな町（私が生まれる前年までは村だった）からこれだけ多くの若者が、これだけ遠い地域に出かけて行き、戦い、短い生命を終わらせたと思うと、胸が詰まる。

3年8カ月に及ぶ太平洋戦争は、このように全国の市町村に住む庶民に多大な悲しみをもたらした20世紀最大の出来事だった。

だが、不思議なことに、戦後生まれの我々が太平洋戦争について体系的に学ぶ機会はなかった。あの戦争を誰が始めたのか、なぜ始めたのか、なぜ負けたのか、小・中・高校で教えられたことはない。国営の戦争博物館がないため、社会に出ても学べない。知りたければ、各自が資料を探し出すしかない。

そんな状態の中では、『あの戦争は何だったのか』『昭和陸軍の研究』『東条英機と天皇の時代』『昭和天皇』『昭和史の教訓』といった著作を精力的に書き続けているノンフィクション作家、保阪正康さんの仕事はとても貴重である。

自費で『昭和史講座』を編集・出版し続け、ガンの体を押して大学やカルチャー・センターで戦争の時代を講義する保阪さんの、思考の源流はどこにあるのか？　そしてそれは、最愛の息子を若くして亡くした哀しい体験とどのように結びついているのか？

私は、ノンフィクション作家の先輩として敬愛する保阪さんに、率直な疑問をぶつけた。

保阪さんは笑みを浮かべて、天皇や戦争について、また自らの仕事と人生、家族について、時にキッパリとした物言いで、また時に洒脱な口調で、語ってくれた。

**（インタビュー　2008年5月15日）**

## 『昭和史講座』を自費で出版し続け、2004年に菊池寛賞受賞

——保阪さんの執筆分野は昭和史、医療、自分史などですが、主軸はやっぱり一貫して昭和史ですね。1972年のデビュー作『死なう団事件——軍国主義下の狂信と弾圧』がそうでしたし、近年のベストセラーの『昭和史　七つの謎《なぞ》』や『あの戦争は何だったのか大人のための歴史教科書』もそうです。しかも昭和史については、作品執筆以外にさまざまな活動をされていますね。個人誌の『昭和史講座』は、98年から年に2回、自費で編集・出版を続けられ、その功績で2004年に菊池寛賞を受賞されました。刷り部数は確か、800部？

**保阪**　そうです。『昭和史講座』では年に1回、ブックレットも制作していますが、コマーシャリズムとは距離を置き、私が読んでほしいと思う人たちに配布してます。

——他に、朝日カルチャーセンターや立教大学でも、昭和史に関する講座を持って、講師をなさっていますね。

**保阪**　新宿の朝日カルチャーセンターの教室は、もう12年ほどやってます。他に、年2回

写真・須田慎太郎

19　保阪正康

の北海道新聞の文化センターや、月1回の中日新聞の文化センターの講師もやっていて、そちらは3年くらいです。立教大学は去年（2007年）まで、8年間続けました。

――『昭和史講座』は市販されてないので、事前にバックナンバーを数冊送っていただきましたが、あそこに文章を寄稿している執筆者には、文化センターの生徒さんも多い？

**保阪**　ええ。私の教室には、退職した大蔵官僚とか大手新聞の重役、学校の校長さんなどいろいろな分野の体験者がいますからね。他に、取材で知り合った人や大学の関係者など、たくさんの人にお願いして原稿料なしで書いてもらってます。思いは一つ。手持ちの資料や記録を正確に次世代に伝えたい、ということです。女房の全面的協力で刊行してきましたが、05年から07年までは私のガンの治療などで休みました。

――バックナンバーに添えられたお手紙に、「この3年間はガンで小休止」とありました。

**保阪**　05年に腎臓ガンになり、原発性だったので、右腎《うじん》を摘出したんです。骨と肺に転移の恐れがあると言われていますけど、今のところ暴れてないようです。それから去年、前立腺ガンが見つかって、これも初期だったのでこちらは放射線で抑えてます。今は腫瘍《しゅよう》マーカーの数値もいいですね。

――とてもお元気そうで、症状が落ち着いているということですね。ということは、『昭和史講座』も年内に復刊できる？

**保阪**　たぶん9月には復刊できます。それと、年末までにブックレットを1冊発行します。ガンのグレーゾーンにいるのは確かですけど、まだ書きたいことがあるので、今死ぬわけにはいかないと思ってます。どうしても書きたいテーマが、五つあるんですよね。

――五つのテーマについては、後ほど必ず伺います。

## 「重要な原則は、『天皇は必ず先帝を否定する』ということです」

――保阪さんは常々、「昭和史には人類が体験したすべてが詰まっている」とおっしゃってます。戦争、テロ、クーデター、ファシズム、革命騒動、占領、被占領、民主主義、飢餓、飽食、平和、繁栄、退廃などですね。とりわけ昭和前期に注目されているわけですが、昭和史を通して見ると、「芯となるのは昭和天皇の存在と戦争体験」だと。そこで今回は、天皇と戦争の問題に絞っていくつかの質問を試みたいと思います。

**保阪**　けっこうです。どうぞ。

――まず天皇問題です。現在、今上《きんじょう》天皇と皇太子とのぎくしゃくした関係が、それぞれの家庭を絡め問題視されてます。『文藝春秋』08年4月号の識者の座談会でも取り上げられ、保阪さんも発言されてます。あそこで保阪さんが強調したかったのは、皇太子の歴史認識の不足ですか?

**保阪**　その前に言っておきたいんですが、同志社大の学生時代、僕は活動家じゃないけど、社会党左派のシンパでした。天皇制は諸悪の根源、と思っていました。社会に出て、昭和史を研究し始めてからはそうじゃありません。天皇制を旧体制に戻しちゃいけない、という部分は同じですが、天皇は文化祭事の継承者として京都に戻るべきだ、と思ってます。

――それが基本的なお立場ですね?

**保阪**　そうです。で、近代天皇制を調べて、いくつかの原則があることがわかりました。その中でもっとも重要なのは、「天皇は必ず先帝を否定する」ということです。

――父親の姿勢・志向を否定する?

**保阪**　ええ。幕末の孝明《こうめい》天皇は極端な攘夷《じょうい》論者でしたが、跡を継いだ明治天皇は開国主義者になります。そして、山県有朋や伊藤博文と一緒に軍事主導体制を作った。ところが、息子の大正天皇は、軍事主導体制にかなりの違和感を持った文人肌の天皇でした。馬に乗るのを怖がり、漢詩を作るのが巧みだった。

――昭和天皇は、その大正天皇の長男。

**保阪** 昭和天皇は、明治天皇を何度となく語ったけれども大正天皇に言及したことはない。つまり祖父の明治天皇が理想で、自分も天皇制下の軍事主導体制を遵守した。

――だけど、昭和天皇は敗戦を契機に変わりますよね。「神聖にして侵すべからず」の大元帥の天皇から、「人間天皇」へと。

**保阪** はい。敗戦を機に昭和天皇は、天皇制下の軍事主導体制から天皇制下の民主主義体制へと移行します。立憲君主であろうとした昭和天皇にとっては、天皇制の維持こそ大事で、体制の変更はそれほどではなかった。昭和天皇はそこら辺が融通無碍《ゆうずうむげ》と言うか、政治的にしたたかな面を持った人でした。でも、現在の平成の天皇は、昭和天皇でさえ予想できなかった次世代の生き方を選びました。

――民間から美智子妃を娶《めと》った？

**保阪** そうです。「民主主義が存在して、天皇がいる」という認識です。言わば、民主主義下の天皇制という形ですね。

――なるほど、こう見てくると、天皇は先代を否定しつつ自己実現を図ってますね。けどそうなると、現在の皇太子が目指している新たな像とは、一体どのような？

**保阪**　方向性としては、グローバリズム下の天皇（制）でしょう。環境問題や皇室外交への関心を示す発言から推察すると、そうなります。でも残念ながら、皇太子には今の天皇の皇太子時代の小泉信三に当たる助言役がいない。だから、メッセージが国民にきちんと伝わっていないんですよね。その一方、病気の雅子妃に寄り添う気持ちが強い皇太子は、人格の二重性を持ち始めています。

――どういう意味でしょうか？

**保阪**　「私は一市民ですが、（いずれ）天皇の役割を果たします」みたいな二重性。つまり、よき夫、よき父としての市民意識と、皇位継承者としての歴史的自覚が、曖昧《あいまい》なまま混ざり合ってる。このままだと天皇制が消滅して行く可能性があります。そのことの善し悪しは別にして、ね。「そうじゃない」と言うのなら、国民に向かってハッキリ自らの思いを語るべきです。

——迷ってるなら迷ってるなりに？

**保阪** ええ。自分の言葉でメッセージを伝えてほしい。さもないと、今のこの社会で、存在が希薄化して行くのは避けられません。

——昭和天皇に関しては、もう一点、いわゆる戦争責任の問題があります。保阪さんは著作の中で何度も、「もちろん戦争責任はある」と書いておられますね。

**保阪** 「ない」という考え自体、昭和天皇に失礼だと思います。当然、ある。ただし、「責任」という言葉を天皇自身が使うことはなかった。例の75年の、アメリカ訪問から帰国後の記者会見での発言もそうでした。

——記者から戦争責任について問われ、「そういう言葉の綾《あや》については、私はそういう文学方面はあまり研究していないのでよくわかりませんから、そういう問題についてはお答えできかねます」と答えました。

**保阪** 昭和天皇にとっては、「責任」という言葉は「文学上の綾」なんです。なぜなら、「責任」という言葉を使ったら、たちまち皇祖皇宗に対して全責任を負わなきゃならなくなる。それは、できない。彼はそういう特殊な空間に生まれ、育ってきた。でも、昭和天皇があの戦争に道義的責任を強く感じていたことは、三つの方向から推察できます。一つは、1万首（宮内庁公表は800首）に及ぶ御製《ぎょせい》、もう一つは、側近たちのメモや回想録。三つ目は記者会見の記録です。その詳細な分析から推論可能です。

――御製というのは和歌ですね。

**保阪**　和歌です。例えば、戦後間もなくの全国巡幸の折に、〈わざわひをわすれてわれを出むかふる民の心をうれしとぞ思ふ〉という歌を詠んでますが、ここには明らかに道義的責任意識があります。戦争という選択が間違いだったという反省の思いです。

――昭和天皇は戦争を直接指導しませんでした。だけど名目的にせよ、陸海軍のトップでした。ところが東京裁判でも訴追されず、一般にはあやふやな印象のままです。

**保阪**　東京裁判では政治家と軍政の軍人中心に裁かれ、軍令の軍人はほとんど裁かれませんでした。軍令を裁くと天皇まで行くからです。アメリカは、占領統治の困難さを考え、天皇を戦犯にしたくなかったんですね。ですから僕は、日本国民がさまざまな場所で、自らの東京裁判を開廷してみればいいと思うんです。左翼的な弾劾ではなく、戦争責任の問題を軍令の領域まで含めて明らかにしておく、という意味でね。昭和天皇の戦争責任にしても、道義的・社会的責任とは別に、開戦責任、継戦責任、敗戦責任、国際法違反の責任などいろいろあります。それらを個別に検証し、あの戦争のほんとうの責任を国民は問うべきですね。

――一般国民の手になる東京裁判。もしも実現すれば、大変な快挙ですね。

**保阪**　僕もやりたいと思ってますが、口で言うほど簡単じゃない（笑）。

### 中2の時に父親と大喧嘩《おおげんか》。以後、滅多に口をきかなくなった

――保阪さんは、1939年12月14日、北海道の札幌市生まれ。

**保阪**　今の札幌市白石区。郊外ですね。

――父上が高校の数学教師で母上が主婦。

**保阪**　父は人と馴染《なじ》まない変わり者で、生徒の同窓会にいっさい出席しないし年賀状の返事も出さない。僕が同志社に入る時も、「国立大以外は授業料を払わない」と言うので、昔教職をやってたお袋が幼稚園の先生になって授業料を捻出《ねんしゅつ》したんです。

――4人兄弟の長男ですよね。

**保阪**　ええ。男、男、女、男。

――中学生以降は、家族は札幌でお父さんだけ道内に単身赴任。で、保阪さんと父上との対立は中学2年の頃から始まった？

**保阪**　親父と僕は合わないんです。僕は戯曲とか好きで表現者になりたかったけれど、親父は数学の本ばっかり。しかも「医者になれ」とか「教育者になれ」とか、あれこれ干渉してくる。それで中2の時に大喧嘩して、以後、滅多に口をきかなくなった。

――お父さんを殴ったこともあった？

**保阪**　高2の時ですね。進学のことであまりにうるさく、しつこかったから。

――大学は同志社大学文学部社会学科ですが、在学中は演劇に熱中したそうですね。

**保阪**　同志社演劇研究会、通称〝劇研〟です。アヌイ、ジロドゥー、安部公房などの作品を上演しました。僕は演出も担当し、死んだ特攻の学徒兵と60年安保の学生が語り合う『生ける屍《しかばね》』という自作の劇もやりましたね。

――その頃から、すでに昭和史に興味があったんですか？

**保阪**　本来は「思想に殉じること」への興味です。小学生時代、お袋が共産党シンパで、

「獄中十何年、あの人は立派」とかよく言ってました。それで高校時代に小林多喜二を知り、大学で『きけ　わだつみのこえ』を読んで、興味が歴史へと広がっていった。

——卒業して朝日ソノラマに入社。

**保阪**　大学卒業は1963年ですけど、すぐ朝日ソノラマに入社したわけじゃなく、卒業後10カ月ほどは北海道の地方新聞勤務です。

——朝日ソノラマではどんな仕事を?

**保阪**　月刊『朝日ソノラマ』の活字部門の担当と単行本の編集ですね。単行本では、『ケネディ大統領演説集』とか、日本の作家の自作朗読シリーズなどを手がけました。

——奥様の隆子さんとのご結婚も朝日ソノラマ時代ですが、同僚だった?

**保阪**　いや、読者です。僕が担当した『ケネディ大統領演説集』は誤植が多くて、クレームを言いに来た一人(笑)。当時、彼女は21歳かな。結婚は1968年でした。

——その後、退社しますね。どうしてですか?

**保阪**　会社勤めが嫌で、とにかくフリーになりたかったんです。昭和史ももっと勉強したかった。だからフリーライターをやりながら、定期を買って国会図書館に通い、本を読んだり史料を調べたりしました。

——昭和史で一番知りたかったのは？

**保阪**　やはり戦争のことです。あの頃、周囲の大人はみんな戦争体験者でした。僕は昭和21（1946）年に小学校（当時国民学校）入学で、戦後民主主義第1期生なんだけど、戦争のことは知らない。左翼大学生になって、「軍部の暴走で開戦に至り」とか叫んだりしても、軍部とは何か、誰のことか、全然理解していなかった。「なぜあんな戦争をやったのか？」、それを自分なりに知りたいと思ったんです。

——72年の処女作『死なう団事件』を書くきっかけは何だったんですか？

**保阪**　三島由紀夫の割腹自殺事件です。

——70年の11月25日でしたね。

**保阪**　あの日、三島たちが市ヶ谷駐屯地で撒《ま》いた檄文《げきぶん》の中に、「共に死なう」という言葉があって、「そういえば〝死なう団〟ってのがいたな」と。調べ直そうと思った。

——その第一作に、当時の大御所・松本清張が推薦文を書いてくれた。「新進気鋭の記録者として、今後の活躍が期待できる」と。

**保阪**　編集者の代筆らしいですけどね（笑）。松本さんが『日本の黒い霧』や『昭和史発掘』で開拓した実証主義的方法論は、僕も見習おうと思ってました。後年、怨念《おんねん》でモノを書くことや、マシーン化して大量に書くことの大切さも教えられました。

――ともあれ、松本清張から〝時代の記録者〟のバトンを手渡され、保阪さんは一人の作家として順調なスタートを切った。

## 余命6カ月の父親から聞いた関東大震災の悲劇

――保阪さんは壮年になって転機を迎えられましたね。85年から10年ほどの間に、身近な人が4人、相次いで逝去された。最初が85年に76歳で亡くなった父上。

**保阪**　そうです。84年に父が肺ガンを宣告され、医者に余命6カ月と聞いた時、僕は父について何一つ知らないことに気付いたんです。どこで生まれ、どう育ったのかもわからない。父は昔のことをいっさい話さなかったし、僕も父を遠ざけていましたからね。

――そこで父上について調べた？

**保阪**　病室で幾度となく本人から話を聞き、すべての仕事を投げ出して、親戚や関係者を訪ね歩きました。その結果、父が関東大震災の孤児だと判明した。横浜済生会病院の勤務医の次男だったけど、結核で母親や兄弟4人が次々と死に、唯一生き残った父親も1923年の関東大震災で病院倒壊と共に死んだ。そして14歳の父は、震災跡地で生涯消えぬ体験をします。怪我で動けない中国人留学生に水を請われ、一椀《ひとわん》の水を与えたところ、自警団にいきなり殴られたんです。中国人留学生は父の目の前で自警団に惨殺され、殴られた父は以後片耳が聞こえなくなりました。

——父上の人嫌いや偏屈さはPTSD（心的外傷後ストレス障害）だった？

**保阪**　ええ。父は群馬県の本家に引き取られましたが、終生横浜に足を踏み入れず、地震のない土地を求めて北へと移動し、東北帝大を出て札幌で所帯を持ったわけです。

——45歳で晩年の父上と和解できた？

**保阪**　父はガンの宣告後1年6カ月生きたから、そうなりますね。僕は現在、中国に何度も行き多くの中国人と親しい関係にありますが、もともとの中国人への関心は親父の話がきっかけです。今も、大正末期に横浜にいた中国人留学生「王《ワン》さん」を捜し続けていますしね。

――父上、息子さん、妹さん、母上と続いたご不幸のうち、保阪さんが「一番の衝撃」と記されているのが長男Yさんの死です。1993年2月26日、午前5時。

**保阪**　そう、奇しくも月日と時刻が、2・26事件の青年将校決起の時と同じ……。息子は結局、自殺を図ったんですよね。入院中に膵臓《すいぞう》が弱って亡くなったんですが、自殺未遂の後遺症で病院に運ばれたんです。

――22歳、大学3年生。昨年（2007年）の『文藝春秋　スペシャル』夏・秋・冬号で、保阪さんは3回にわたりYさんについての手記を掲載されました。その中に、「私は父への屈折した感情を、息子との関係に持ち込んでいたのでは？」とあります。この意味は？

**保阪**　親父と僕はぎくしゃくしてた。だから、僕には他に娘が2人いるけど、僕と息子との関係はそれと逆の方がいいと思ったんです。「医者になれ」とかあれこれ干渉するのではなく、自由にさせる。僕も自由気儘《きまま》にやってきてよかったから、息子にも好きなことをやらせる、と。でも、それが間違っていたのかもしれない。息子は僕みたいに我《が》が強くなく、シャイで繊細でした。

――子ども時代の様子はどうでした？

**保阪**　体が大きく、少年野球のピッチャーをやってました。球はすごく速い。だけどコントロールが悪くて、よく人にぶつける。それを「怖い」と非常に嫌がってましたね。その感情の起伏を、当時は理解できなかった。

――大学時代のYさんは？

**保阪**　本を読むのが好きで、哲学や宗教の本を主に読んでいたようです。そこらあたりも、僕とは全然違うタイプなんです。

――真面目で思い詰めるタイプですね。

**保阪**　友達に恋人でもいなかったか尋ねたことがあるんです。そしたら「女っ気はなかったですよ」「女性を知らなかったみたい」って。それで生き方の純粋さや生真面目さがわかったような気がしました。もし隠し子でもいればね、僕ら夫婦で育てようと思ったんですけど、がっかりしましたね。

――突然愛する息子がこの世から消え去ってしまう。大変つらいご体験でしたね。

**保阪**　統計では、成人前の子どもに死なれた夫婦の約半分は離婚するそうです。ウチは離婚しなかったけど、女房はノイローゼになりました。息子の死後、夫婦で毎晩のように話し合いましたね。なぜ息子は死んだのか、どうして気付かなかったのか、我々夫婦に何が欠けていたのか……。話しても話しても正解は出ない。つまるところ、夫婦がお互いを支え合って試練に耐えるしかないんです。ですから僕は、それ以降、どこへ行くのも女房と一緒です。取材旅行、各地の講演、いつも2人です。

――『文春スペシャル』の手記に、「お前の無念の思いをお父さんが晴らす」「それがお父さんの〝第二の人生〟」とありますが？

**保阪**　物書きは自由業を標榜《ひょうぼう》しながら、所詮《しょせん》はコマーシャリズムとスキャンダリズムに翻弄《ほんろう》されてます。しかし、死んだ息子のためにも、コマーシャリズムやスキャンダリズムと一線を画し、自分が心底書きたいテーマを、誰に妥協することなく徹底的に書く、ということです。ほんとうにそれができているかどうかはともかく、姿勢と志は持ち続けよう、と。

**「〝面子《メンツ》をかけた戦い〟という昭和陸軍の悪しき伝統ですね」**

――保阪さんの昭和史の著作はどれも労作ですが、大部の『昭和陸軍の研究』は特に素晴らしい。昭和陸軍の問題点を、誕生前の戊辰《ぼしん》の役《えき》にまで遡《さかのぼ》って細大もらさず分析、検証されています。100年、200年後にも残る近現代史の必読書だと感じました。

**保阪** 昭和陸軍についてはもっともっと書きたいことはあるんですけどね。でも、おかげさまで、アメリカ人や中国人で「ぜひ翻訳したい」という人が出てきました。

――読んでいると大本営の無為無策に改めて茫然《ぼうぜん》とします。例えば、ガダルカナル攻防戦。大本営は、飛行場奪取のため陸軍の一木《いちき》支隊をガ島に派遣します。ところが916名中850名が一晩で戦死する。当然、全滅の理由を探るべきなのにそれをせず、次いで、1400名、6300名を投入。これも1カ月足らずで撃破される。しかし「開戦以来の連戦連勝という〝不敗の神話〟に酔っていた」大本営は、アメリカ軍の総反撃開始をまるで想定せず、局地戦だと思って次々に部隊を派遣し、半年後にようやく撤収した時は、35300名の派遣兵中の実に2万4600名が戦死、餓死、病死。信じられない愚かな戦いです。

**保阪** 〝面子をかけた戦い〟という昭和陸軍の悪しき伝統ですね。同じような大失策は日本の戦争のさまざまな局面にあります。

――あるいは、連合艦隊の山本五十六司令長官の搭乗機撃墜事件もそうですね。山本の乗った一式陸攻機は、ブーゲンビル島上空で米軍機の待ち伏せに遭って撃墜されたわけですが、海軍も陸軍も「暗号が解読されたのでは？」と考えもせず、ひたすら司令長官の死を隠そうとし、責任のなすり合いに終始する。あまつさえ、同行戦闘機のパイロットを死地に追いやったり、遺体を発見した捜索隊の将兵を何度も最前線に配属したりと、一方で国葬を行いながら、一方で事件自体の証拠湮滅《いんめつ》を図る。救いがたい官僚体質です。

**保阪**　「山本長官の仇を討て」という感情論が先行し、実際は陸・海軍の間で相互不信が増大しました。本来なら、山本長官の死を機会に陸・海軍が情報を共有・分析し、緊密な共同作戦をとるべきなのに、そうはならなかった。最後までバラバラな机上の作戦でした。

――官僚主義でしょうかね？

**保阪**　官僚主義ですね。戦時指導に携わった軍人の歴史的責任は大きいですね。

――保阪さんの『「昭和」とは何だったのか』を読んで驚きました。日露戦争開戦の時、元老の伊藤博文はすぐに知米派の金子堅太郎をアメリカ、つまり第三国に派遣して終戦時の調停工作に当たらせている。それがポーツマス条約に結実する。明治の政治家は戦争に当たってまず終戦を考えたのに、なぜ昭和ではそれができなかったか?

**保阪**　太平洋戦争の開戦時にも、スイスやスウェーデンといった第三国に終戦工作のための要人を送るべきでした。でも、送れなかった。軍部を抑えられる元老や政治家が、もういなかったから。具体的には、1937年7月の盧溝橋《ろこうきょう》事件で、近衛文麿《このえふみまろ》首相が「統帥権干犯を許さない」とする陸軍に屈し、不拡大方針を転換した時が分岐点でしょうね。盧溝橋事件はやがて日中全面戦争へと発展し、それが太平洋戦争を呼び込んだ。いわゆる「軍部の暴走」ですが、「軍部」の正体は、陸軍省軍務局と、陸軍参謀本部の作戦部ですよ。そこの中堅幕僚や将校たちが突っ走った。

――彼ら中堅幕僚たちは、東京裁判でも罪に問われていませんね。

**保阪**　いません。国民が東京裁判を開くなら、名指しで罪を問うべきでしょう。

――保阪さんは『あの戦争は何だったのか』の中で、私たちの国に欠けている何かがあったと総括してますね。ここでは太平洋戦争のことですが、戦争のプロセスの中に二つの問題点が凝縮していた、と。一つは、思想や理念に基づいた戦略がほとんどなく、場当たり的な戦術に頼ってしまったこと。つまり対症療法ばかり、ということですね。もう一つは、現実を冷静に実証主義的に分析するんじゃなく、願望や期待を安易に事実と置き換えてしまったこと。

**保阪**　戦争中、陸・海軍の幕僚たちは官僚組織の中で情報のキャッチボールをするんです。「こんなんで大丈夫だろうか？」「大丈夫だと思う」「ほんとうに心配ないか？」「心配ないはずだ」、そういう会議を無数にやってる。しかし、限られたエリートが密室の中でキャッチボールを繰り返すうちに、いつの間にか願望が事実と化してしまう。「大丈夫か？」「大丈夫だ」「絶対、勝つ」と。似たようなことは現在でも起きると思いますよ。重要な情報が、密室に閉じ込められてしまうとね。

**「僕たちの世代がきちんと記録を残しておかなくちゃいけない」**

――平成も20年たって、昭和がだいぶ遠くなりました。昭和史の芯は昭和天皇と戦争なのに、若い人の中には昭和天皇の顔を知らない人も出てきたし、日本がアメリカと戦争した事実さえ知らない人もいます。

**保阪**　昭和を同時代と感じている人たちの記憶も年々薄れてゆくから、今のうちに、僕たちの世代がきちんと記録を残しておかなくちゃいけない。ますますそう思います。

――今、国民の中で、戦争の直接体験者と言ったらどのくらいでしょう。約1割？

**保阪**　いや、もう1割切ったんじゃない？　戦争体験のある人は1割以下ですよ。

――生きている人の証言が重要になる。

**保阪**　それはそうですけど、中にはとんでもない嘘《うそ》をつく人がいますからね。戦争体験者というだけでは信用できません。

――二代目、三代目の記録者はそのあたりを心してかからないといけませんね。あくまで実証的に、ということでしょうか？

**保阪**　基本はそうです。集めた史料を読み込み、生きている人を訪ね証言を聞く。けれど、それだけでは限界がありますね。実証主義を超えた歴史を見る眼、想像力、洞察力のようなものが必要だと思います。

――私は昭和史を眺め、いつも不思議な気がしていました。明治から大正期に夏目漱石や与謝野晶子などが活躍し、大正デモクラシーなどもあったのに、なぜ昭和初期に、あのように異常な社会へと突如突き進んでしまったのか、と。ま、保阪さんはそこを書き続けて来られたわけですが。

**保阪**　流れの奇妙さはわかります。昭和10年代は明らかに異常な時代でした。これを、近代日本の出発点である明治維新からの当然の帰結として捉《とら》えるのか、それとも、通常の近代史を歩んできて、昭和10年に至って突然変調をきたし頭に血が上ったと見るべきか、ということですね。昭和10年代は「宿痾《しゅくあ》」か「変調」か？　この問題意識は、僕自身もずっと持ってきました。

――保阪さんは、今はどちらだと？

**保阪**　僕は「変調」の方です。宮本常一の本などを読むとわかりますが、日本の村落共同体に伝承されてきた庶民の価値観、社会観は、かなり健全でまっとうなんですね。政治的支配構造に組み込まれているけれど、偏頗《へんぱ》なものではない。与謝野晶子の「親は刃《やいば》をにぎらせて人を殺せとをしへしや」は、堺の商人の倫理観ですが、これもまっとう。日本の共同体に根付いていたそのようなまっとうな価値観が、昭和に入り、国定教科書によって〝臣民の道〟を強要され、暗殺やテロ、2・26事件など有無を言わさぬ暴力に揺さぶられ、急速に崩れて行ったんだと思います。

——現在、平成の「変調」の兆しと言うか、そういう動きは感じられますか？

**保阪**　近年、戦前の体制や戦争を肯定する論調が目につきますね。「あの戦争で日本は悪くなかった」とか「なぜ中国にそこまで言われなけりゃならないんだ」とか「南京虐殺などなかった」とか。おそらく、新しい歴史教科書をつくる会の登場以降だと思うけど、これまで社会の裏側の、戦友会などで密《ひそ》かに交わされていた会話が、表の市民社会に浮上してきた。これは要注意だと思います。僕は左翼じゃないけれど、彼らが批判する自虐史観ではなく、昭和史の誤りを冷静・率直に反省する自省史観が今、必要なんです。それと、松下政経塾生のようなタイプの政界進出。

——松下政経塾の卒業生ですか？

**保阪**　ええ。すでに民主党に23人、自民党に22人もいるそうです。彼らのようなタイプは機能的右翼とでも呼ぶべき存在ではないかと思う。彼らは権力を機能的に考え、それは容易に官僚主義と結びつき、社会全体の中では右翼的な役割を果たして行く。静かに増え続けているだけに、ちょっと不気味な気がしています。

——では、今後保阪さんがぜひ書いておきたい五つのテーマを、お聞かせ下さい。

**保阪**　まず、北海道の屯田兵のことですね。お袋が屯田兵の家系なので、屯田兵一族百年の歴史を書きたい。屯田兵が一つの階層を形成していることとか、彼らの官位栄達への強い情念とかをね。二つ目は、父の遺言のようなもの。例の留学生「王さん」を訪ねる旅ですが、日中両国の近代史における庶民間の友情を検証しておきたい。それから、もう一つの天皇論。つまり天皇制を、我々国民の側が逆利用してきたんじゃないか、その社会心理とは何か、ということですね。四つ目は、やはり息子のこと。とても苦しい作業になるけれど、赤裸々に書かなきゃいけない。親父、僕、息子。三代の父と子の物語ですね。そして最後は、20世紀。イギリスの歴史家ポール・ジョンソンに20世紀を描いた『現代史』があるんだけど、その日本版、日本人から見た20世紀の本をぜひとも書いておきたい。

――いやぁ、すごい予定表ですね。

**保阪**　僕はこの五つのテーマを書かないと、死ぬに死ねないと思ってるんですよ。

ほさか　まさやす　1939年、北海道札幌市生まれ。同志社大学文学部卒。出版社勤務を経てフリーに。72年、『死なう団事件――軍国主義下の狂信と弾圧』（れんが書房）でデビュー。『昭和史　七つの謎』（講談社文庫）、『あの戦争は何だったのか』（新潮新書）など昭和史研究を中心に膨大な量の著作を発表。自費で発行する『昭和史講座』の功績で04年菊池寛賞受賞。著書に『物語　大学医学部』（中公新書ラクレ）、『昭和天皇（上・下）』（中公文庫）、『東京が震えた日　二・二六事件、東京大空襲』（毎日新聞社）、『東京裁判の教訓』（朝日新書）など多数。

## ②内田　樹（神戸女学院大学教授）

39歳で離婚した妻は、「男がいかに男権主義的迷妄から解放されていくかを、女である自分は１００％の客観性で査定できる」という前提を採用していた。フェミニスト批判は、積年の怨念《おんねん》のタマモノです。

2007年に話題となった議論の一つが、現役のフリーターである赤木智弘氏による論文「『丸山眞男』をひっぱたきたい 31歳フリーター。希望は、戦争。」（月刊『論座』07年1月号）だった。

理不尽な格差社会でワーキングプアを余儀なくされている赤木氏のような社会的弱者にすれば、エリート政治学者の丸山眞男氏が一兵卒としてイジメられた戦時中の状況は、公平の観点からしてむしろ望ましい、と言うのだ。

「日本が軍国化し、戦争が起き、たくさんの人が死ねば、日本は流動化する。（中略）〝何も持っていない〟私からすれば、戦争は悲惨でも何でもなく、むしろチャンスとなる」（前述誌、赤木智弘氏の論文）

戦争を願うほど追い詰められていると訴えるこの言説は、賛否両論の反響を呼んだ。いわゆる知識人からもさまざまな意見が寄せられたが、その中で私がもっとも納得できたのは、神戸女学院大学教授の内田樹さんが自らのブログで発表した意見だった。

内田さんはまず、どんな社会でも能力の差があり条件の差がある限り社会資源の分配に多寡はある、と格差の存在を是認する。

その上で、赤木説のように「私が格差上の不利益をこうむっているのは、本来私に帰属すべき資源が他者によって簒奪されているから」という前提自体が間違い、と述べる。

格差問題とは貧困問題だが、未開民族の共同体には基本的に貧困問題はなかった。各人が赤ん坊、病人など社会的弱者を、自らの過去、未来と見なし配慮しようとするからだ。自分が手にしたパンを「占有することに〝疚《やま》しさ〟を感じること」が、共同体の成員の条件なのだ。

赤木説にも一理ある。戦争のような弱肉強食の世界になれば弱者にもチャンスが訪れる。「他人の口からパンをもぎ取る」機会が来るかもしれない。しかし、「社会が危機的状況に立ち至ったときに、相互支援する組織に属さない孤立した労働者に社会的上昇のチャンスはほとんどない。〝不幸な人々〟は確かに増えるだろうが、それは彼（赤木氏）が現在以上の幸福になるという意味ではない」

そして言うのだ。近代市民社会の前提は、「全員が自己利益の追求を最優先すると、自己利益は安定的に確保できない」事実だったと。

内田さんはフランス現代思想の専門家だが、これほど適切かつわかりやすく、レヴィ＝ストロースなどの構造主義を日本社会の現象や言説に当てはめて解説してくれた人は、これまでいなかった。


**（インタビュー　2007年5月23日）**

――今年（２００７）1月末に発表された『下流志向』が大ヒットしていますね。これは副題に〝学ばない子どもたち　働かない若者たち〟とあるように、学びや労働から逃走する現代の若者たちを、消費主体としての自己確立（＝法外な全能感）の視点から分析した刺激的な論考で、新聞・雑誌で大評判になり、よく売れています。現在、何刷で、何部くらいですか？

**内田**　何刷かは知らないですけど、部数は10万部くらいですね。

――内田さんの著作で最大の売れ行き？

**内田**　そうです。一番売れました。

――あと、憲法９条と自衛隊の不整合を、「矛盾のまま受け止めて現状維持した方がいい」という昨年の『９条どうでしょう』（共著）で内田さんが展開した斬新な主張も、国民投票法の成立した現在、大変に注目を浴びています。今年の憲法記念日は、メディアへの露出もかなり多かったのでは？

**内田**　そうでもないですよ。憲法のことは、ＮＨＫのラジオでしゃべったのが一つと、毎日新聞とか新聞に書いたのが二つ、かな？

写真・須田慎太郎

——いや、雑誌も含めると……。

**内田**　いくつかね。でも、来た仕事は終わり次第さっさと忘れてしまうので（笑）。

——大学の授業は今、何コマ担当ですか？

**内田**　6コマ（90分の授業を週に6回）です。

——合気道の指導は？

**内田**　学校では毎週木曜日に午後4時半から2時間30分。学外の甲南合気会の方は、毎週土曜日に午後の3時間です。

——ここ（インタビューの場所）は教務部長室ですけど、その他に大学の教務部長としての教学関連のお仕事がある？

**内田**　それが問題です（笑）。教学に関するすべての案件がここに集まって来ますからね。いろいろな人が相談ごとに来て、山のようなペーパーワークがあって、とにかく忙しい。それに、会議が多いし（笑）。

——会議は週に何回くらいですか？

**内田**　多い日は1日に五つ六つ重なることもあります。定例の会議以外にいろいろ細かい打ち合わせが入る。出た会議が月に30回を超えたこともあります！　泣けてきますよ（笑）。

――でも、出世の階段でしょうから。

**内田**　いや、こういう仕事って学内の出世とは無関係なんです。管理職は選挙で、言わば学級委員。任期が終わればヒラに戻るんです。

――ところで、彗星《すいせい》のごとく論壇に登場し、フランス現代思想から映画論、身体論まで幅広い分野をカバーする内田さんに対しては、作家の高橋源一郎さん他多くの人がいろいろなニックネームを献上しています。いわく、思索コンサルタント、思索療法士、臨床思想士、歩く全身豆知識とか（笑）。ご自身では、どんな名称がお好みですか？

**内田**　うーん、そんな大層なものじゃないですよ。基本がお気楽管理職サラリーマンですから、「発言する管理職」とか（笑）。

**「僕は、ずっと主夫をやってたんですよ」**

――内田さんが『ためらいの倫理学』で颯爽《さっそう》とデビューされたのが２００１年の3月。でもこの時、50歳ですよね？　スタートがかくも遅くなった理由というのは？

**内田**　僕は、ずっと主夫をやってたんですよ。離婚して6歳の娘を引き取って以降父子家庭で、生活の中心が子育てだったんです。だから、研究者としてはかなり問題があった。大学は週に2、3日顔を出せばいいわけですから、研究はほとんど放棄して、もっぱら娘と過ごす時間を優先させてました。そんな生活を、娘が18歳になるまで12年間、誕生時から通算すると18年間続けて、娘が18歳で巣立った時にようやく解放されたんです。すると、抑えていた発言欲や研究欲が一気に爆発した。それがちょうど50歳の時でした。

――戦争論も反フェミニズム論も映画批評も、最初の発表場所はすべてご自身のホームページでしたよね？

**内田**　そうです。僕がホームページに書いた文章を出版社の人が面白がってくれて、本にできた。地方の大学の一教師の書き物なんか東京の出版人は見向きもしませんからね。インターネットがなかったら、たぶん一介の語学教師で終わったはずです。

――その意味では、内田さんはインターネット生まれの最初の思想家？

**内田**　思想家かどうかはともかく、インターネットが僕のような人間のためのメディアなのは確かですね。だから、その黎明期《れいめい》にいいタイミングで食いつけた（笑）。

——そんな新タイプの知識人の源流を少し辿《たど》ってみたいと思うんですが、亡くなられた父上は、会社員だったんですか？

**内田**　いわゆる事務屋です。戦後いくつかの会社を渡り歩き、三井系の企業に勤めた後、最後は別の会社で経営者になりました。

——ご兄弟はお兄さんが一人？

**内田**　２歳違いです。今、横浜で商社を経営しています。

——エッセイによれば、幼少の頃は「病弱だった」そうですね。

**内田**　リウマチ性心臓疾患でした。当時流行していたウイルス性の病気で、６歳の時にかかり、心臓の弁膜に異状が見つかりました。小学生の時に２回入院し、中学校まではけっこうきつかったですよ。

——手術を受けられた？

**内田**　いえ、でも10代半ばまで心音異常がありました。「成長したら治る」と言われ、18歳で検査したら症状が消えていました。

――病弱な少年時代を過ごしたことは、内田さんに当然大きな影響を与えた？

**内田**　運動ができないと家の中で本を読むしかないですよね。父も母も割と読書家だったので、けっこうたくさん本がありました。それを片っ端から読んだ。

――特に印象深かった本と言うと？

**内田**　吉川英治かな。病院を退院して自宅静養してた小学校5年生の時に『宮本武蔵』を読んで、あまりに面白いのでそれから『新・平家物語』を読み、『私本太平記』を読み、『新書太閤記』を読み、家中にある吉川英治の本を全部読んだ。ついでに父が「子どもは読んじゃダメ」と言っていた獅子《しし》文六や石坂洋次郎の本も（笑）。

――吉川『武蔵』から学んだことは？

**内田**　やはり、求道《ぐどう》精神ですね。最後のフレーズが、確か、「波にまかせて、泳ぎ上手に、雑魚《ざこ》は歌い雑魚は躍る。けれど、誰か知ろう、百尺下の水の心を。水のふかさを」、だったと思うんですけれど、それを小学生の時に読んで、「かっこいい！」と（笑）。

――内田さんが後年合気道6段、居合道3段の武道家になったのは『武蔵』が原点？

**内田**　武道に対する憧憬《しょうけい》はちゃんばら映画やマンガを読んでいた時期からありましたけ

ど、アクセルを踏んだのは吉川『武蔵』ですね。日本のビルドゥングスロマン（教養小説）の中では一番影響力のある作品じゃないかな。

——年譜を拝見すると、政治や社会に目覚めたという点では、強烈だったのは日比谷高校時代？

**内田**　そうですね。中学までは単なる勉強ができる子だから、小説は多少読んでいたけれど、政治や哲学についてはまるで知らない。ところが日比谷高校では、「昨日の国会の審議を見てて思うんだけど……」なんて話す級友がいて。会話の中にマルクスやニーチェなんて名前も頻繁に出てくる。「この人たち一体、何だろう？」って（笑）。

——それで思想書も読み始めた？

**内田**　付け焼き刃のやつもいたけど、中には高校生離れしたとんでもない知性の持ち主もいた。それで僕も、彼らに影響されて吉本隆明とか埴谷雄高《はにやゆたか》を読むようになったんです。

——2年生で突如退学されてますが、これも彼ら超秀才たちの影響ですか？

**内田**　勉強や知識では彼らに追いつけないとあきらめたので、不良高校生路線で対抗したんです。中退の思想的なキッカケはたぶん父親との衝突ですね。父は戦後リベラリズムの権化みたいな理想家肌の人でしたけど、バタイユとかブルトンとか澁澤龍彥とか、そういうものは理解しようとしないんです。学歴信仰も強かったから、「そんなもの読むな。勉強しろ!」と。父との個別的な衝突というより、世代間の思想的対立ですね。それで僕は家を飛び出しちゃって、高校も辞めた。

――しかし、半年で舞い戻った?

**内田**　ジャズ喫茶でアルバイトしたりしたけど、とても食えない。もう餓死寸前(笑)。シッポ巻いて泣く泣く家に帰りました。

――その後、大検(大学入学資格検定)を受けて合格し、予備校に1年通って、1970年に東大文科Ⅲ類に入学。大学時代は党派に所属し、ほとんど学生運動の日々?

**内田**　ほとんど、じゃないですね。最初の2年だけです。学生運動は僕が入学した70年にはピークを過ぎ、以後急速に陰惨な内ゲバに傾斜しますから。運動が祝祭的なピークだったのは68～69年で、こっちはその時生活苦にあえいだり、尾羽打ち枯らして受験勉強したりで。いつもそうなんです。根がせっかちだから、フライング気味に飛び出して、タイミングを外すんですよ(笑)。

——でも70年、71年は街頭闘争？

**内田**　70年は安保闘争が6月にありましたから、入学した瞬間から即街頭でしたね。

——党派は？

**内田**　秘密です（笑）。

——内ゲバで友人が亡くなりましたよね？

**内田**　ええ。内ゲバで一人、その後連合赤軍で一人。

——75年に東大卒業ですが、この年に合気道との出会いがありました。その話を。

**内田**　もともと武道好きで、『武蔵』を読んでる頃には剣道をやってましたし、予備校や大学時代には空手と少林寺拳法を少し齧《かじ》って。でも、どれも長続きしない。そんな時、家の近くの合気道の道場を訪ねて通い出したら、これが面白くて。雰囲気が穏やかなんですよ。それまでやった武道では初心者の扱いがぞんざいでしたけど、合気道では先輩が丁寧な敬語を使って教えてくれるんです。僕は体育会系の上下関係が大嫌いだったから、それに惹《ひ》かれました。そして師範の多田宏先生の圧倒的な存在感。先生は合気会本部師範でイタリア合気会の創始者です。現代に奇跡的に生き残った古武士のような峻烈《しゅんれつ》な武道家ですが、最初にお会いした時はこちらはそんなすごい人だとは知らない。入門の動機を訊《き》かれて、「喧嘩《けんか》に強くなるためです」とバカなことを答えた。すると先生はにっこり笑って、「そういう動機で始めても、いい」と。つまり、「君はこれから君が学ぼうと思っていることとは別のことを私から学ぶだろう」と先生は言われたわけです。間違った動機から合気道を始めても少しも構わないというその包み込む器の大きさに、「この人について行こう」と決心しました。それが僕の、生涯の師との出会いです。

## フェミニストにはたっぷり貸しがある

——結婚されたのはいつですか？

**内田** 合気道開始と同じ25歳の時です。卒業して定職もなくアルバイト暮らしの頃ですね。

——相手の方は？

**内田** 4歳年上の女優。

——女優さんですか？ 無名の？

**内田** いや、知り合った頃はけっこう売れていてテレビによく出ていました。でも「マスコミの仕事はつまらない」と、小劇場の方にシフトした。

――で、31歳の時に、一人娘のるんちゃんが生まれた。エッセイの表記はどれも「るんちゃん」ですが、本名は？

**内田**　るんです。森鷗外《おうがい》の『じいさんばあさん』の女性主人公の名前から採りました。

――けれど1989年、39歳で離婚。離婚のことは『ためらいの倫理学』の査定に関する文中に、ほんのちょっと出て来ます。

**内田**　細かいとこ見てますね（笑）。

――査定の文中ということは、離婚の理由もそれと関連し、夫としての査定とか？

**内田**　そう、でしょうね。先方は、あの時代の小劇場の女優さんで、フェミニストというか、その前のウーマンリブの人なんです。だから「男は本質的にセクシストである」と。男がいかに男権主義的迷妄から解放されていくかを、女である自分は100％の客観性で解放度を査定できる、と。そういう一方的な前提を採用していた。いつも男性中心主義からの自己解放が十分に進んでいるかどうか、妻にお伺いを立てないといけない。でも、配偶者の一方だけが客観的・中立的な査定権限を独占してるのって、ずるいですよね。

――ああ、なるほど。各所で執拗《しつよう》なフェミニスト批判を展開されているわけが……。

**内田** 積年の怨念《おんねん》のタマモノです（笑）。

――日本の知識人は通常フェミニスト批判は避けます。なのに内田さんは果敢に挑戦なさっている。不思議に思っていました。

**内田** フェミにはたっぷり貸しがあるから（笑）。

――そして、離婚の翌年、ここ（神戸女学院大学）の助教授に就任された。それまでは東京都立大学（現・首都大学東京）の人文学部（フランス文学専攻）で不安定な助手生活だったのに。

**内田** 8年間助手でした。禍福はあざなえる縄のごとしです（笑）。

――夫婦関係は別にしても、助手時代というのはかなり苦しい時期でしたか？

**内田** 30代前半は気楽でよかったんですけれど、後半の数年間は正直きつかった。僕はリトアニア出身のユダヤ人哲学者であるエマニュエル・レヴィナスの研究をやっていましたけれど、仏文学会では評価されない。毎日写経するように翻訳し、いくつか翻訳本も出したんですが、学者の世界では翻訳の評価は低いんです。妙なオリジナル神話があって、10

年かけた翻訳より1時間で書いた論文の方がポイントが高い（笑）。おかげで、研究助手で、肩書こそ教員ですが、授業は持てなかった。

――じゃあ、大学では何を？

**内田**　お茶くみと電話番とコピー取り（笑）。

――給料も安かった？

**内田**　いや、当時の都立大はかなりよかったですよ。終わりの頃は年収400万から500万円の間だったんじゃないかな。

――約20年前だと高給の部類ですね。

**内田**　そうです。だから、万年助手のまま研究意欲を喪失してしまうと、「このまま定年まで無事過ごせばいい」と考えてしまう可能性もある。僕も、次々と助教授で入って来る年下の人にお茶を運びながら、「そろそろ俺も限界かな」と思いました。大学のフランス語教員の公募があるたびに応募しましたけれど、三十数校書類を送ってことごとく不合格、しかも40歳が徐々に近づいて来る（笑）。

――そうすると、神戸女学院大に助教授の椅子がよく見つかりましたね？

**内田**　奇跡ですよ。ある日、都立大ＯＢで神戸大の先生が集中講義に来られたことがありました。冬休み中だったので、助手の僕が接待役を仰せつかった。朝の授業の準備から夜の飲み会まで4、5日お世話しました。しばらくしてその先生から連絡があって、「神戸大に来ないか」と。僕の研究業績なんかご存知ないのに、飲み会での座持ちがよいところを買ってくれた（笑）。結局、神戸大の話は流れたんですが、その先生はそのあとも非常に気にかけて下さって、神戸女学院大のフランス語教員のポストに一つ空きができたと聞いたときに、私を候補者に推して下さった。

——ラッキーでしたね。

**内田**　ほんとにね！　僕の人生で最高の幸運は、この大学に席を得たことです。40年近く東京にいた僕が、関西のミッション系の女子大に、しかも子連れでやって来るなんて、思ってもみなかった。よくぞ僕のような風来坊を拾ってくれたと、これはもう感謝しても感謝し切れません。

——超多忙でも教務をおろそかにしないのは、そのせいもありますか？

**内田**　そうです。採用していただいた先輩諸先生にはそのあともことあるごとに「ウチダくん、女学院大を頼むぞ」と肩を叩《たた》かれてきたから（笑）。ご恩に応えようと、この17年間微力ながら大学のために尽くしてきたんです。

## 「9条と自衛隊は両立しない」というのは嘘

――最近の内田さんの論考でもっとも興味深いのは、私はやっぱり、「憲法がこのままで何か問題でも？」という憲法論だと思います。『論座』6月号（07年）では、文芸評論家の加藤典洋さんが、10年前の『敗戦後論』で提起した憲法〝選び直し〟論を転換するに当たり、「おおすじのところ、内田樹の『9条どうでしょう』を踏襲する」と、内田さんの憲法論に全面的に依拠していましたしね。

**内田**　あの本、昨年（06年）出版したんですけれど、反応が鈍かったので、加藤さんが取り上げてくれてホッとしました。

――戦後の一般日本人は、「もう戦争はしたくない」と願った。しかし同時に、「もし他国から攻撃されて丸腰だと怖い」とも思った。その願いと不安が、憲法9条と自衛隊で、そこには何の矛盾もない。おかげで戦後62年間、日本は平和を享受してきた。米、英、露、仏、中の国々と違い、正規軍兵士が他国領土で人を殺したことも1度もない。その憲法がこのままで何か問題でも？　ということですよね、ご主張の基本は？

**内田**　ええ。ほんとうの対立、葛藤は日米間にあるんです。9条はアメリカが日本を軍事的に無害化するために与え、自衛隊は軍事的に有用化するために与えた。アメリカは敗戦国日本を「軍事的に無害かつ有用な国」にしたかったわけですから、アメリカの世界戦略上は9条も自衛隊も別に矛盾しない。けれども、そうした戦略的整合性をそのまま認めることは、ただちに「日本はアメリカの軍事的属国である」と認めるに等しい。だから日本人は暗黙の合意によって、「9条と自衛隊は両立しがたく矛盾しており、そこに戦後日本の不幸のすべてがある」という嘘《うそ》を信ずることにしたんです、護憲派も改憲派も。本来は存在しない「9条と自衛隊の矛盾に苦しむ」という不思議な病態を演ずることにより、日本は疾病利得として、世界史上例のない平和と繁栄を手に入れた。

――結局、改憲のメリットはない、と？

**内田**　改憲しても、どの国とも戦争できるわけじゃない。「アメリカ以外の国と、アメリカの許可があれば戦争できる」だけです。たぶん核武装も許されないし、日米安保は継続され、国内の米軍基地もそのまま残る。ということは、改憲はただ「日本はアメリカの軍事的属国です！」と国際社会に向かって声高《こわだか》に宣言する以上の意味はない。そんなことにどんなメリットがあるのか？

――憲法に関しては現状維持が賢い選択、ということはわかりました。しかし、日米の矛盾に満ちた関係は、これから先も相当長期間続くのでしょうか？

**内田**　現在は9条、自衛隊という小さな病気にかかることにより、日米関係という大きな病気を先送りにしている状態ですが、あと何世代かして、日本にもっと体力がついてくれば、当然状態は変わってきますね。

――あと、国際関係の変化とか？

**内田**　日本の方向は日米中の関係で左右されるでしょうね。この三国国際関係は変数がむやみに多い関数ですから、一義的な予測は不可能ですけど。でも全体として、このあとアメリカの東アジアにおけるプレゼンスが低下して行くのは間違いないと思います。国際社会での威信も低下する。逆に中国は、クラッシュさえしなければ、存在感を増して行く。国際社会で米中の重みが次第に拮抗《きっこう》してくる。今その変化に日本人はとまどっている。嫌中、反中の動きは中国の発する「魅惑」の反作用でしょう。中国の台頭にどう対処するか？　日本にとっては微妙で難しい時期ですね。

——今度、中国論を出されるとか？

**内田**　『街場の中国論』というのを書きました。前回の『街場のアメリカ論』と同じく、大学院での演習を下敷きにしたものです。

——『街場のアメリカ論』では、内田さん自身アメリカに観光旅行程度の滞在しか直接体験がないにもかかわらず、アメリカ国家の特異性や文化の歪《ゆが》み、日本の従属性などを縦横無尽に分析されていました。『街場の中国論』も、実際の中国への調査旅行なしに書かれた？

**内田**　中国へ行ったのは、昔香港に一度、北京に観光旅行で2日ほど。それだけ（笑）。今回もまた、中国にほとんど行ったことのない人間の書いた中国論です（笑）。だけど、殺人事件の実像を残された断片的証拠から推察するような、推理小説的興奮はありましたね。で、わかったことは中国のことじゃなくて、日本ってほんとうに変わった国だなということでした。

――どういうことですか？

**内田**　例えば、日本人にとって知的活動とはすべて上位文化に「追いつくこと」としてしか考えられないでしょう。まず英語を習得するとか、フランス現代思想を学ぶとか。でもフランス人はそんなことしませんよ。彼らの知的活動は、生得的に備わった感覚や判断力をいかに深めるか、いかに縦横に駆使するかであって、外来のレディメイドの知識を「輸入」することになんてほとんど興味を示さない。日本人のこの「キャッチアップ体質」は中華思想の華夷《かい》秩序に由来するものと僕は見ているんです。１５０年前までは中国を中心とする華夷秩序の東の辺境に位置し、その後は、アメリカの中華秩序の西の辺境に位置している。いつも中華の先進的文物・制度を取り込み、消化し、改善を重ねることだけが「向上」だと信じてきた。オリジナルを生み出すことではなく、外来のよいものを模倣し、改良するのが日本人の得意芸です。それでいいと僕は思っているんです。見知らぬものに対して、とりあえず敬意をもって向かうという態度はかなり健全ですから。歴史的に見たって、つつましく属国的である時に日本は平和で、属国であることを厭《いや》がっておのれ自身が国際社会の中央にのさばり出ようとすると災厄《さいやく》をもたらす。

――次の著作は、日本＝属国論？

**内田**　『属国で何か問題でも？』（笑）。

## 娘は、僕にはない社会的弱者への熱い愛情を持っている

――ブログなど拝見すると、内田さんの関心領域は実に多岐にわたっていますが、ただ一つ、男と女の性愛やエロスに関しては書かれていないですね。人間とは何か、の考察に欠かせないテーマだと思いますが？

**内田**　レヴィナス論の中では語っていますよ。あくまで哲学的なフレームワークの中ですけど（笑）。エロティックな体験や考察となると、自分のことはともかく、相手のプライバシーに関わってきますから。だって、僕の昔のガールフレンドたちはみなさん僕の著作やブログをまめにチェックしているんですから。メールが来るんです、「先週のアレ、読んだわよ」とか（笑）。

――具体例はチェックが厳しい？

**内田**　地雷原を疾走するに等しいです（笑）。

――恋愛自体はなさってるんでしょ？

**内田**　それは、もちろん。16歳ぐらいからあと恋していなかったことのない恋多き男ですから。でも、公開はしません（笑）。

――ところで、家を出ることによって父親の内田さんに爆発的な執筆の機会を与えた一人娘のるんちゃんですが、今どこに？

**内田**　東京です。古着屋でバイトやったり、ライブハウスのブッキング・マネージャーやったり、ロックバンドやDJも。

――えっ、大学に入ったのでは？

**内田**　高校は出たけど大学には行っていません。親が学者だと、そんなもんですよ（笑）。

――でも、古着屋のバイトやバンドって、もしかして『下流志向』？

**内田**　下流もいいとこです（笑）。

――ご著書の『下流志向』で、内田さんはかなり下流の若者に厳しいですけど。

**内田**　娘には厳しくない（笑）。「お金は足りてるか？」とかね（笑）。女の子だからいいんじゃないかな（笑）。いや、わが子ながらスケールの大きい子なので、枠にはめずに見守ってやろうと思って。僕より大物なんですよ、彼女は。

――内田さんより大物?

**内田** そうです。僕にはない、社会的弱者や貧しい者への熱い愛情を持っている。

――エッセイによれば、内田さんは20歳の頃に小津《おづ》安二郎監督の『晩春』を見て、「男の成熟の仕方」を学びますね。笠智衆《りゅうちしゅう》演じる大学教授が、海の見える静かな町で娘と二人慎ましく暮らし、友と語り、酒を飲み、時折能を鑑賞する……。内田さんは能舞台にも立つから、まさに『晩春』の如き人生の軌跡?

**内田** 笠智衆演じる曽宮教授は僕の理想の男性像です。人生の分岐点に立つごとに、『晩春』を基準に道を選んできました。震災までの、芦屋《あしや》で娘と暮らしていた数年間は特にそうでしたね。六甲山にハイキングに行ったり、能を見に行ったり、ほんとうにのどかな『晩春』的な生活でした。あれがわが人生最良の日々だったのかな。

――るんちゃんと暮らしている頃、料理や洗濯は全部内田さんが?

**内田** そりゃそうです。小さいから。

――いや、中学生、高校生になれば。

**内田**　「お父さん代わろうか」と言ってくれる日がいつか来るだろうと思って待っていたけれど、ついに来なかった（笑）。でも僕は、娘と二人で暮らして、初めて自分が「人間なんだ」と思い知らされました。

——と言うと？

**内田**　それまで僕は、自分を軽佻浮薄《けいちょうふはく》な現代人の典型と思っていたんです。薄情で、計算高くて、利己的で。けれど日々娘の面倒を見ていると、少しずつ献身的になってきて、自分の私利私欲なんてどうでもよくなってきた。自分のことより子どものこと。子どものためなら、いつでも死ねると思っている。そんな自分にびっくりしました。「俺はノーマル」というか、太古の、人間が初めて集団を作った時以来の普通の人間的な感覚が自分の中に脈々と生きていることを実感して。これは自分にとって大きな自信になりましたね。病弱な子どもとしてスタートした時から僕は、自分のことをでき損ないというか、戦後日本が作り出した畸形《きけい》的な精神の一つだと思ってきた。だから、そういうフェイクな人間として時代の先端を浮遊するんだろう、と。でも、子育てを通じて、「いやけっこう地に足のついたまっとうな人間かもしれない、俺は」と思い直したんです。子育てで得たものの中で、それが最大のものですね。だから、「子育て嫌い！」と言う世間の人が信じられない。子どものおかげで今日の僕があるんですから。

――子育て論はいずれ本に書く？

**内田**　これも書かない（笑）。るんちゃんが「私のこと、あまり書かないでね」って言うから、書きません（笑）。

――大学の定年は何歳ですか？

**内田**　65歳ですが、選択定年制で60歳で辞められるので、60歳で退職します。

――内田さんは、「定年後は合気道の道場主になりたい」と書いておられますね？

**内田**　そうです。道場をやって、地域で寺子屋教育みたいなことをやりたいと、漠然と考えています。

――それは主宰する甲南合気会の道場？

**内田**　ええ。今は芦屋市の体育館を週1回使わせてもらってますが、他の団体と競合するし、市の行事があると使えないし。「もっと稽古《けいこ》したい」という弟子たちの要望も多いので、自前の道場がぜひ欲しいんです。

——芦屋市内は高いんじゃないですか？

**内田**　そりゃ高いですよ。駅の近くで、１００畳ぐらいの道場となると。だからガンガン本を出して稼がなくちゃ（笑）。

——予算はどのくらいになります？

**内田**　１００畳は無理としても70畳は欲しい。となると、何とか2億あれば。

——2億円！　仮に5年間で準備するとしても1年に４０００万円の貯金ですか？

**内田**　どうやって作るんだろ（笑）。

——でも、どうしても欲しい、と？

**内田**　欲しいですね。武道では「道場が人を作る」から。公共の体育館はトレーニングの場ではあっても、修練の道場としては物足りない。道場はやはり本来神聖な場所であり、そこに一歩踏み入った瞬間、身体感覚がすぱっと切り替わらなければならない。そういう空間で稽古をすると、実際に修行の密度がまるで変わってきます。だから、ほんとうに欲しいんです。

——『下流志向』以上のベストセラーが何冊も必要ですね。

**内田**　『街場の中国論』はダメかな？（笑）

――では内田さんの今の夢は、自分の道場を持ち、子どもたちに学問を教え、時折るんちゃんと海の見えるレストランに出かけ、るんちゃんにお酒のお酌をしてもらうこと？

**内田**　そういうことしない子なんです（笑）。できれば、してもらいたいけど（笑）。

うちだ　たつる　１９５０年、東京都生まれ。東京大学文学部仏文科卒。東京都立大学大学院人文科学研究科博士課程を中退後、同大学人文学部助手などを経て、現在は神戸女学院大学文学部教授。専門はフランス現代思想、武道論、映画論。主な著書に『ためらいの倫理学』（角川文庫）、『私家版・ユダヤ文化論』（文春新書）、『下流志向』（講談社）、『街場の中国論』『街場の教育論』（以上、ミシマ社）、『こんな日本でよかったね――構造主義的日本論』（バジリコ）などがある。

### ③佐藤　優（起訴休職外務事務官、作家）

『資本論』の解読作業をやると、今の世の中の基本構造がわかってくる。アメリカの新自由主義や市場原理主義も、『資本論』の読み直しによって理解できるようになる、と、こういう方向を狙っています。

佐藤優さんは外務省国際情報局の元主任分析官。ロシア担当の最前線にいた外交官である。リトアニア独立の時に、独立派とソ連（現・ロシア）の間で命懸けの仲介役を果たして、後にリトアニア政府から叙勲を受け、1991年8月のソ連のクーデターでは、世界のどの情報機関より早く、ゴルバチョフ生存を確認して本省に伝えたプロ中のプロだ。

それだけに、発想が尋常ではない。

例えば、膠着《こうちゃく》する対北朝鮮の拉致問題。「あなたならどうする？」と『国家の自縛』（05年）の中で問われ、応えている。

・まず、彼の国の遺訓政治の政治力学を知るため、『金日成著作集』全44巻を読み込む（金正日氏と会った時に、「××についてはお父様も言っておられるように」と自在に引用し、突破口を開くのに役立てる）。

・外務省職員として、平壌の高麗ホテルに2カ月間滞在する。アクセスは向こうから来る。どこにでも行くが、言うことは一つ。「将軍様の日程を管理している補佐官に会いたい。私は人間電話。そちらの話を直《じか》に首相官邸に伝え、官邸の意向も曲げずにそちらに伝えます」。

こうした交渉で何より大切なのは直接のチャンネル作りである。ただし、人間電話役は殺される可能性も。

・金正日氏の日程担当補佐官へのアプローチは、ロシア経由でも行う。ロシア人に同行してもらい平壌で補佐官と会った時点で、外務省の局長または特派大使と交替する。むろん、首相がロシアとアメリカの大統領に直接の協力要請をしておくことは必要。しかし、中国はゲームに巻き込まない（拉致問題は、国家主権と人権の複合した問題だが、現在の中国に人権の意味合いはわからない。また、ロシアにとって北朝鮮問題は死活的ではないが朝鮮人自治区を抱える中国にとっては死活的重要問題。人でも国でも、死活的に重要な問題に関しては目が曇る）。

常に国益を考えて行動し、交渉相手やパートナーの内在論理を十分に考慮して基本戦略を作成し、相手の出方や周囲の状況の変化に柔軟に対応しつつ、最短の方法で失敗を恐れず大胆に国際交渉を進める……。

佐藤さんが２００５年3月に『国家の罠　外務省のラスプーチンと呼ばれて』で論壇デビューして、まもなく4年。インテリジェンス（諜報＝国際情報収集）は、すっかり一般語と化した。このインタビューはデビュー1年半後の、まだ佐藤さんに初々しさが残る（？）時期のものだ。

**（インタビュー　２００６年10月27日）**

## 「登庁するな、という職務命令に私は従っているんです」

――佐藤さんは2005年2月に背任と偽計業務妨害で執行猶予付き有罪判決を受けて、現在控訴中ですが、肩書としては〝起訴休職外務事務官〟を名乗っておられますよね？ということは、現在も外務省に籍があり、毎月外務省から給料をもらっているということですか？

**佐藤**　はい、そうです。ただし、給与は本俸の6割。諸手当とか引くと手取り19万円ちょっとです。だけど私の場合、結婚していて、持ち家でもなく、年老いた母に仕送りもしてますから約19万円では生活するのは無理です。国家公務員の兼業禁止規定がありますからアルバイトもできない。どうするか？

ここに原稿料という抜け道があるんですね。国家公務員倫理法にのっとってあれこれと所定の手続きを取れば、執筆活動による収入は認められると。で、もっぱら原稿を書いています。ほんとうは税金から毎月お金をいただくのは申し訳なく、私個人としても外務省と縁を切った方が経済的に利益になるんですが、悪いことは何もしてないという思いで裁

写真・須田慎太郎

判を闘っている以上、自分から辞表は出せません。

——裁判はあと何年くらいですか？

**佐藤** 最高裁の判決まで最低でも3年。

——では、3年後に最高裁で無罪を勝ち取った後に辞表を叩きつける？

**佐藤** いや、無罪はあり得ません。地検特捜部が起訴した事案の有罪率は99・9％です。私が1000分の1に入る確率は全然ない。

——となると、裁判の目標は？

**佐藤** 私の考えてる目標は、やはり世論ですよね。公判中のさまざまな陳述やその報道によって、「あれは国策捜査による政治事件」という認識が一般に定着することです。

——〝時代のケジメをつけるため、国家が強引に事件を創り出す国策捜査〟は、ご著書の『国家の罠《わな》』で相当広まったのでは？

**佐藤** 一般的にはまだまだですよ。

——懲役2年6カ月執行猶予4年の判決が覆《くつがえ》らなくとも、裁判で明らかにしたいと？

**佐藤** そうです。

――休職中ということは、外務省にまったく出向く必要がないわけですね。

**佐藤**　はい。だけど、部署はあります。

――えっ、配属部署があるんですか？

**佐藤**　私はいちおう人事課付きということになってます。机は当然ありませんけど。

――登庁しても自分の席がない？

**佐藤**　当時の川口順子《よりこ》外相から、起訴されたお前が来ると外務省の信用が失墜するので来なくていい、という辞令をもらっています。だから私は、来るなという職務命令に従ってるんです。登庁しないことが、私の仕事です。

――何だか、哲学的な職務ですね。

**佐藤**　カフカの『城』みたいな世界です。ある日一枚の紙を受け取り、その結果「私は一体誰なのか？」と途方に暮れる（笑）。

――最近の日常を伺いたいんですが、以前は「公判対策の時間が1日の4割」と書かれてましたが、最近はどうなんですか？

**佐藤**　最近は公判の準備などに要する時間はグッと減って全体の5％くらい。猫たちと遊んでる時間の方がよほど長いです。

――雄猫でしたっけ？

**佐藤**　今いる雑種は3匹とも雄です。ホルとチビとシマ。遊んでると面白いですよ。

――外国語の名前じゃなくて日本語名なんですね（笑）。モスクワの大使館時代に飼ってたシベリア猫は、じゃあ前の奥さんと一緒？

**佐藤**　そうです。もう死にましたけど、純血種でした。大きくて、私、嚙《か》まれたことありましてね。ほらここ（と二の腕を見せる。右腕に何カ所か猫の歯の痕《あと》）。

――05年5月に再婚された今の奥さんも猫好きですか？　新しい奥さんは確か、同志社大学神学部の後輩？

**佐藤**　いえ、それは前の家内です。今の家内は外務省の後輩ですが、彼女も猫好きです。だから、夫婦二人で猫と遊んでますね。

――けれど、それは骨休めですね。1日の大半は原稿書きになりますよね。現在寄稿してらっしゃる月刊誌・週刊誌はいくつあります？

**佐藤**　けっこう多いです。この半年に執筆した雑誌を数えてみましょうか。『正論』『文藝春秋』『週刊新潮』『週刊金曜日』……（と次々に名前を挙げ、全部で27誌）。

――すごい量！　そのうち連載は？

**佐藤**　10誌ぐらいでしょうか。これでも原稿依頼の8割は断ってるんですけどね。

――超人的な執筆力ですね。しかも、どれも専門的な重いテーマばかりですしね。

**佐藤**　同じ素材でもテーマは各誌重ならないようにしてるんですが、つい増えてしまう。でも、外務省で働いていた頃と比べると、執筆量自体は現在の方が少ないんですよ。海外にいると、報告電報だけで1日平均70枚は書きます、400字詰め原稿用紙で。手書きでなく口述筆記なら、最大120枚。

――すさまじい枚数ですね。

**佐藤**　インテリジェンスの世界では、それが国際標準です。亡くなった米原万里さんが書評集の中で、「最近、Eに7冊程度しか読めなくなった」と書いて、「はったりじゃないか」と言う人がいましたが、あれは彼女がプラハの語学学校で身につけたソ連式速読術、ヨーロッパでは普通のことです。日本人のインプットやアウトプットが少なすぎるんですよ。もっとも、量が多ければいいというものじゃなくて、日本人の場合、情報量は少なくても本質を摑む力はあると思いますけど。

——でも、連日休みもなく机に向かっていて、よく飽きませんね。

**佐藤** 猫と遊ぶ以外の一番手軽な気分転換というと、やはり食うことでしょうね。

——そう言えばロシア時代に1日5000キロカロリーの食事を、何度もされてますね。

**佐藤** 今も変わらないかな（と、愛用のノートをめくり）、平均3000キロカロリーですが、あ、アイスバインやラムとか食べて1日4800キロカロリーとかいってる日もありますね。

——カロリー計算は欠かさない？

**佐藤** もちろんです。体重150キロ、200キロなんかになったら大変です（笑）。

——現在は何キロですか？

**佐藤** 98キロ。この2カ月締切りに追われて7キロ増えたんです。自分としてはね、薬も飲んでるし体調に問題はないんですが、家内がうるさく言うもんですから近いうちに人間ドックに入ります（笑）。

——そんな毎日で、睡眠時間は？

**佐藤**　平均睡眠時間が3時間半ほど。

――ナポレオン並みですね。

**佐藤**　いや、昔からずっとそうなんです。

## 子ども時代にA型肝炎で半年間の自宅療養

――佐藤さんは今や論壇の新しいスターですが、一般のイメージは「よくわからない人」じゃないかと思います。最初にスポットが当たったのは鈴木宗男衆議院議員失脚の時でした。「疑惑のデパート」と呼ばれた鈴木議員の02年6月の逮捕に先んじて、議員と親密な関係にあり、「外務省のラスプーチン」と取り沙汰《ざた》された佐藤さんが逮捕された。

正直、よくない印象でした。次いで当たったスポットは、拘置所から出所後に書かれた『国家の罠』(05年)で毎日新聞出版文化賞特別賞受賞、『自壊する帝国』(06年)で新潮ドキュメント賞受賞。こちらは打って変わって晴れやかな栄誉のスポットです。

加えて、キリスト教神学やロシア語という知的バックグラウンドが特殊なら、第一線の主任分析官というキャリアも特異。しかも、ご本人は国家主義者を自称されていて、発表の場が『正論』から『週刊金曜日』までと、従来の枠組みでは考えられないほど幅広い。

そこでまず、佐藤流思考のキーワード〝内在論理〟に従い、人間佐藤優を探ってみたいと思うんですが、佐藤さんの子ども時代の一番決定的な事件といえば何ですか？

**佐藤**　病気ですね。小学校6年の時に、A型肝炎になって半年間学校を休みました。

――それが佐藤少年にどんな影響を？

**佐藤**　本を読む習慣がつきました。それまで私はいわゆる学校秀才タイプで、お勉強やお稽古事《けいこごと》はやったんですが、本は読まなかった。ところが病気を契機に学習塾に通うようになり、優れた教師と出会って読書が面白くなった。

――お稽古事は、どういうものを？

**佐藤**　バイオリン（笑）。小学生時代に4年半もやりましたが、才能がなかった（笑）。

――学科では何が好きでした？

**佐藤**　算数ですね。満点を取りやすいから。国語は99点とか98点とか、不可解な減点があるので好きじゃなかったなぁ（笑）。

――長男で、一人っ子ですよね？

佐藤　2歳違う妹がいますが、男は私一人。
――どんな子どもだったと思います？
佐藤　団地住まいの、ごく普通の子どもだったと思いますよ。体も別に太ってなくて、どちらかと言えば痩せてた方ですし。
――イジメられませんでした？
佐藤　あ、それは大丈夫です。昔からズルイところがあって、番長格の横に参謀格としてピタッとくっつく（笑）。
――昔から実力者の補佐官（笑）。
佐藤　そうなんです。権力の実体がどこにあるか見極めながら、我が身を処する（笑）。私自身は優等生タイプだけど、絶対にチクらないから、不良連中に信頼されたんです。
――獄中でも鈴木議員を裏切らなかった（笑）。ところで、著書の中には、沖縄出身でキリスト教徒の母上の話は何度か出て来ますが、技術者だった父上の話はほとんど登場しません。ということは、人格形成の上で母上の影響のみが圧倒的に大きかった？
佐藤　そうじゃないですね。父の話はいずれ別個に丁寧に書きたいと思ってるんです。

――ほう、そういうことですか。

**佐藤**　江戸川区生まれの父は、工業中学に進み成績がよかったんですが、家が貧しく大学に行けなかった。で、召集され中国に渡って陸軍航空隊の通信兵になる。戦後復員して、行く場所がなく、沖縄の嘉手納《かでな》基地で電気技師として働き、そこで母と知り合い、結婚して本土に戻って来た。埼玉県で富士銀行に就職するんですが、銀行業務のほうではなく技師としてです。最初は給電技師、次にコンピューター技師。

――その父上の影響もかなり受けた？

**佐藤**　そうだと思います。父は銀行に勤めながら銀行員を毛嫌いしてました。「人間を金銭価値でしか見ない奴らだ」と。しかし、だからと言って左翼に同調もせず宗教にも向かわない。非常に狭い意味での合理主義者なんですね。「理屈に合わないものは信用するな」とよく言っていました。

――他方、母上の影響、これはやはりキリスト教信仰を受け継いだことですか？

**佐藤**　私がキリスト教徒になったのは、むろん母が信者だったせいもありますが、母は教義に詳しいわけでもないので、「母の影響」となると、キリスト教に関してはむしろ副次的です。やっぱり戦争ですよね。母の体験した沖縄戦の話でしょう。

――那覇の女学校の生徒だった母上は14歳で沖縄戦を体験されてます。その話を子どもの頃から何度も聞かされた？

**佐藤** はい。軍属だった母は日本軍と行動を共にしたわけですが、「日本兵はほんとうにいい連中だった」と言うんです。

――え？ いい連中、ですか？

**佐藤** ええ。「弾が飛んで来ると、兵隊さんが我先に私の上に乗っかって弾除けになって守ってくれた」と。それから将校が、「我々は最後まで戦うけれど女子どもは投降しろ、絶対大丈夫だから」と言った。それで最後、母はあのひめゆりの塔の壕から逃げ出して来て助かったんです。

――にぁ、そういう事実もあった。

**佐藤** もちろん一方で母は、日本兵が壕から住民を放り出す場面も見てます。中国戦線での残虐な殺戮《さつりく》を自慢し合う兵隊たちの話も聞いている。そもそも出身地の久米島では、敗戦後に住民がスパイ容疑で惨殺されてますからね。

——よく知られている日本軍の住民虐殺事件ですね。
佐藤　戦争の持つ二面性ですよね。感動的な物語もあれば悲劇的な物語もある。そういう沖縄戦を生き延びた母は言うわけです、「絶対に戦争をしちゃいかん」と、「最後には手をあげて、土下座してでも生き残れ」と。
——だから母上は戦後、非武装中立論の旧社会党の熱心な支持者になられた？
佐藤　そうです。でも私は、子どもの頃はともかく、大人になってその戦争観は取らない。
——どういうことですか？
佐藤　母は手をあげて助かりましたが、ヨーロッパのユダヤ人は手をあげて６００万人が皆殺しです。戦争は、起こそうと思って起きるものでも止めようと思って止まるものでもない。まさに人智を超える事象。しかも人間は、人殺しが本来好きな動物なんです。
——いつからそのような戦争観に？
佐藤　やっぱり外交官になってからですね。

**「憲法第9条は、断固として堅持すべきだと考えてます」**

――佐藤さんの著作群を拝読すると、アメリカ、ロシア、中国といった強大な国に囲まれた日本が生き延びて行くには、大東亜共栄圏や東アジア共同体といった大それた幻想を抱くのではなく、外交力を発揮して国益優先を図り、小さな国民国家に徹するのがよろしいと、要するにそういうことでしょうか？

**佐藤**　まぁ、ごく乱暴に言えば（笑）。

――極東の平和国家を目指すため、多くの人は国連外交や憲法を重視しますが、佐藤さんの場合は皇祖皇宗の伝統（笑）。そこが全然違います。

**佐藤**　ええ。国連は、頼れません。The United Nations はそもそも〝連合国〟と訳すべきで、日本は旧敵国です。国際社会の認識は100年やそこらで変わらない。国連で力を発揮するには常任理事国になるしかないけれど、それは現在の5カ国が反対します。万が一なれたとしても、常任理事国には軍事的貢献が伴う。日本にメリットはありません。

――だけど、多額の拠出金を払ってるし、拒否権のない理事国でもという声もある。

**佐藤**　拒否権のない常任理事国など何の力もないし意味もない。外務官僚がポスト欲しさに叫んでるマヤカシです。拠出金は経済力に応じた国際社会での冠婚葬祭費ですよ。

——平和憲法はどうです、これも反対？

**佐藤**　いや、憲法第9条は断固として堅持すべきだと考えてます。

——そうなんですか？

**佐藤**　そうなんですが、護憲派の人たちとは理由が違う。仮に9条を改正して交戦権を認めた場合、誰が宣戦布告をするんですか？　国事行為として天皇がやらざるを得ない。その戦争で、勝てばいいですよ。負けた時は、天皇が降伏声明を出すことになる。つまり責任を取ることになるんです。そうすると、勝者からの追及によっては天皇制が崩壊する可能性が出てくる。

天皇制が崩壊して日本が共和国になるのが私は怖いんです。田中眞紀子大統領とか杉村太蔵大統領なんかが平気で実現する国ですからね、日本は。私はそれが非常に怖い。

ひるがえって、権力と権威を厳然と分ける今の憲法はとてもいいと私は思うんです。戦争を放棄するという現憲法の仕掛けは、実は天皇制の保全と表裏をなしているわけです。

ついでに言えば、いわゆる護憲派の大多数は嘘《うそ》をついていると私は思います。本心は改憲派なんですよ。彼らは9条に関してのみ護憲であり、1条から8条までの天皇制に関する規定は改憲して共和制にした方がいいと思ってる。一方、改憲派と称される人々は、へタクソな改憲をすることによって天皇制が崩壊するかもしれない、という危険性に気付いてない。

改憲派の人はよく「今の憲法は押しつけ憲法だ」と非難します。でも、大日本帝国憲法だってずいぶんな押しつけ憲法でした。治外法権を享受してた欧米列強が「憲法のないような国には関税自主権を与えない」と言うから、イヤイヤ議会を開いて憲法を作ったんです。しかもあの憲法はプロイセン憲法のコピーです。

あの憲法にある統治権の総攬者《そうらんしゃ》という形の天皇は、果たして伝統的な日本の天皇か？私は、現在の憲法の中の象徴天皇の方が、日本古来の天皇像によっぽど近いと思う。

こうして眺めると、現在の憲法論議は、護憲・改憲の双方が自らのネジレに無自覚な、きわめて表層的な議論だと思います。

――佐藤さんは『自壊する帝国』の中で、「キリスト教がいい加減だから信じている」「いい加減な自分の身の丈に合っている」と述べていますが、日本の国体、つまり国家のあり方についても常々、「国体のよさはいい加減なところ」とおっしゃってますね？

**佐藤**　はい。伝統的な国体のありようは、14世紀の北畠親房の著作『神皇正統記《じんのうしょうとうき》』にすでに書かれています。

――南北朝時代の史論ですか？

**佐藤**　ええ。日本の歴史上、天皇制が崩壊し皇祖皇宗の伝統が途切れてしまう危機は2度ありました。1回目は南北朝時代、2回目は60年余り前の敗戦の時です。南北朝時代は、大国・元が滅び、東アジアの秩序が激変して日本国内でも大変動が起き、国が真っ二つに割れかけたんですね。

『神皇正統記』は、戦前のインテリジェンス養成機関である陸軍中野学校でテキストとして使用された書物ですが、日本という国家の原理を、当時の世界、インド（天竺《てんじく》）や中国（震旦《しんたん》）と比較することによって明らかにしています。そこで、北畠親房は、日本は天皇をいただく神の国であり、内在性の中に超越性があるから、自己の原理を他者に押しつけない、宗教や文化について多元主義、寛容の精神を持っていると説いています。

天皇や大臣はあらゆる宗派の宗教を受け入れるべしと、一番いけないのは自分の宗派について知りもせず他宗派をそしることだと。仏教、儒教、道教にしてそうだから諸道雑芸においてはもっとオープンにすべし、と。

要するにオールド・リベラリズムの論理ですよね。私は獄から出て『神皇正統記』を読み直し、このくだりを読んでほんとうに感銘を受けました。あの戦乱の世に、こういう他者理解、相互理解の発想があったのか、と。

しかも、なお素晴らしいのは、北畠は当時の敵対する権力者足利尊氏のことを、「法もなく徳もなき盗人」と堂々と本の中に書いているのに、尊氏が『神皇正統記』を焚書《ふんしょ》にしなかったことです。当時の足利尊氏の権力をもってすれば、焚書など容易なことです。ところが、殺し合いをしている相手側が書いた書物であっても尊重すべきは尊重すべしと、足利側にも寛容の精神があったわけです。

私はね、日本人がかつて持っていて、これからも持てるかもしれないこういう認識、こういう思想こそ、日本が広く世界に誇り得るものだと思うんですよ。

## 「鈴木宗男さんは、裏表がない人」

――佐藤さんは、日本の論壇の主流の左派市民派に対してはどうお考えですか？

佐藤　重要な存在だと考えています。日本では左派市民派の知的蓄積が圧倒的に大きいですからね。しかし、もう少しその関心を国益に向けていただきたい。そのために国体という違和感のある言葉をあえて使ってます。

――最近、〝大川周明著『米英東亜侵略史』を読み解く〟と副題の付いた『日米開戦の真実』という本も出版されましたね。

佐藤　ええ。左派市民派も近過去のテキストを見直してほしい。そうすれば、我々がなぜあの戦争に陥ったか、この世界がいかに醜悪かつ非情かがわかり、「それでもやはり我々は生き残るべきだ」と思うはずです。その生き残り策は、現在の高い生活水準をそこそこ維持して、しかも世界から尊敬されるやり方が望ましい。地球上の多くの国にとってそんなことは不可能ですが、日本はそういう連立方程式を組める数少ない国の一つです。

――そういう国作りのためには、「国家の基本は安全保障と外交」と公言し、外務省の唯一の族議員として世界を飛び回っていた鈴木宗男氏のような存在も必要だった？

佐藤　はい。鈴木さんはとても賢い人で、外交のセンスも行動力も群を抜いていました。ああいう国会議員はもういません。

——でも、よくない噂《うわさ》も多かった。

**佐藤** 私は付き合う前に1年間観察しました。ご飯の食べ方からお金の使い方、初対面の人との接し方から秘書や家族との接し方まで。その結果、基本的に裏表のない人だとわかった。もちろん、怒って怒鳴り散らしたり、連日高級料亭で接待したりすることはありますが、ふだん家族で食事に行くのはほんとうに近くのラーメン屋です。自分の子どもにも、お小遣いなど驚くほど少額しか与えない。全体的に質素堅実な生活スタイルです。

——しかし、人間を〝鷹〟と〝鳩〟、〝きれい〟と〝汚い〟の四つの型で分類した時に、佐藤さん自身が鈴木さんを〝汚い鳩〟に区分けしてますよね。それはなぜですか？

**佐藤** 日本の場合、富の再配分は政治家が行います。国から公共事業を持って来て、土建屋を通じて地元に金をバラまく。政治と金が絡む利権・腐敗の構造ですが、結果的に富の公平配分に結びつく。鈴木さんもそのシステムの中にいました。〝汚い鳩〟の所以《ゆえん》です。でも、日本の保守派政治家の中でこのシステムから自由な人は一人もいませんよ。

——佐藤さんは、無力な〝きれいな鳩〟や冷酷な〝きれいな鷹〟よりも、鈴木さん的な〝汚い鳩〟の方がマシとおっしゃってますね。

**佐藤**　私は波長が合うんです。ただ鈴木さんの名誉のために言っておきますと、鈴木さんは私と一緒だったロシア関連の分野では、個人の金絡みの行動はいっさい取っていません。それは一緒に働いた全員が知ってることです。

――国後《くなしり》島のムネオハウス（友好の家）も、ビザなし交流施設や災害避難所として有効に利用されているそうですね。ところでお二人が尽力されたその北方領土ですが、まだ四島返還の可能性は残ってますか？

**佐藤**　残ってます。交渉の仕方次第です。なぜかと言えば、日本には「北方四島は絶対に自分たちのもの」という神話があり、ロシアにはそんな神話がないからです。この問題は、思想と思想の戦いであり、神話と神話の戦いなんです。法的論理とか歴史的論理の問題であれば、ロシアも負けず劣らず論理を組み立てて立ち向かってきます。しかし、論理を超越した神話の戦いならば、ロシアは最終的にうっとうしくなって返そうと考える。

――著書で、「プーチン政権の中にブルブリスのような人物を見つけ、味方にせよ」とおっしゃってますね。ブルブリスはエリツィン大統領の側近で、「北方四島はスターリン時代にロシアが日本から盗んだ領土」と初めて認めた。「ロシアの名誉のため、日本人がいらないと言っても四島を返す」とも言った。

**佐藤**　そうです。ただし、「スターリンの負の遺産」という切り口では、最近急速に帝国主義化を強めているプーチン政権は動かないかもしれない。プーチン政権には、ユーラシアの地政学という観点が有効でしょう。

――プーチンがユーラシアに新たなロシア帝国を築くと、北方四島はそこから外れる？

**佐藤**　外れる可能性がある。だけど、そのためにはファジーな緩衝地帯が必要で、それがサハリンです。サハリンには日本とロシア、双方に非常に特殊な歴史的経緯があります。

ロシアは最近、日本などの外国資本によるサハリン沖の石油・天然ガス開発事業〝サハリン2〟を、環境保全を理由に凍結した。

であれば、サハリンの環境破壊が深刻なのは明白なので、ロシアのクレームを逆用し、日本は「一緒に環境保全しよう、ノウハウは持っている」と申し出るべきです。そして、それを契機にドンドンとサハリンに入り込み、実質的に日本・ロシアの共生の地にする。

――しかし今、外務省は何もしてません。

**佐藤**　考えられないことです。鈴木さんや私が現役なら完全に先手を打ってました。

知床を世界遺産にする時だってそうです。知床半島から北方四島を経てウルップ島までは同じ生態系なのだから、まとめてロシアと共同申請すればよかった。それで登録されれば、帰属問題と切り離して日本が入り込めた。実際には、金と環境技術と島に対する熱い思い入れを持った日本による単独に近い管理になったはずです。

――佐藤さんは、アイヌ民族の先住権を認定することも重要、と主張されてましたね。

**佐藤**　非常に重要です。アイヌが北海道、北方四島、千島列島やサハリン全域に住んでいたのは歴史的事実です。しかも、少数民族の歴史的な先住権を認めるのは国際的潮流。このアイヌの先住権を日本とロシアの双方が認めれば、北方四島は日本の土地になります。なぜなら、現在アイヌはロシアではなく、日本にのみいるからです。

――しかし、外務省は、アイヌ民族の問題をこれまで避け続けてきました。

**佐藤**　どうしようもない役所です（笑）。

## 原稿を書いた後は、コーヒーかダイエットペプシ

――佐藤さんはアルコール度数が40度のウオトカを毎晩のように20～30杯イッキ飲みして

も、まったく平気な酒豪ですよね？

**佐藤**　親からもらった体質です。

――ご自宅でも、ひと仕事終えた後はウオトカですか？

**佐藤**　いえ、晩酌はしないです。ウチには酒類が全然ないんです。一滴も。

――では、原稿を書き上げた後は？

**佐藤**　コーヒーかダイエットペプシです。

――ダイエットペプシ！（笑）

**佐藤**　飲む時は、最近は家内と一緒に駅の近くの串焼き屋に行って、焼酎《しょうちゅう》を飲んでますね。つくねとレバーが絶品なんです（笑）。

――再婚されて間もないので伺いにくいのですが、女性の方面は？（笑）

**佐藤**　関心はありますけど、臆病《おくびょう》ですね。

――でも、仕事量やアルコール許容度が超人的ですから、性的体力も……。

**佐藤**　そんなに強くないと思いますよ（笑）。私、食欲と性欲と睡眠欲の中では、おそらく睡眠欲が一番強いでしょうね。

――3時間半が4時間に延びれば幸せ？

**佐藤**　そりゃあ、幸せです（笑）。でも、このところなかなか4時間は取れません。

――佐藤さんにとって、日常で一番ホッとする時間というのはどんな時ですか？

**佐藤**　時期によっても違うんですが、今は、駅のそばのドトール・コーヒーでいつもの大きなテーブルに向かい、アメリカン・コーヒーを飲みながらノートを広げ、あれこれと考えている時ですかね。昨日食べたものとか、その日の予定、これから書くこと、考えたことなどをノートに整理している時です。

――これから取りかかる予定の仕事というのを、教えてください。

**佐藤**　とりあえず仕上げたいテーマが二つあります。一つは、ヤン・フスという15世紀に宗教改革を唱えて火刑になった神学者がいるんですが、彼の教会論をラテン語から日本語にキチンと訳しておきたいんですよ。

――すみません。そのヤン・フスの教会論の訳によって、何がわかるんですか？

**佐藤**　なぜ中世が崩壊して近代というシステムが出て来たか、がわかります。つまり、資本主義のそもそもの母体の話ですよね。

——はぁ。根源的ですね。二つ目は？

**佐藤**　二つ目も原理になるような理論の研究です。マルクス主義の再整理、特に『資本論』の読み直しをもう一度しっかりやりたい。

マルクスの『資本論』は、社会主義への必然性という組み立てで読むとかなり無理があります。むしろ、資本主義システムがいかに強いか、という文脈で読み解いた方がいい。

その点、日本には、宇野弘蔵の宇野経済学という独特のマルクス経済学があります。これを私なりに解釈すると、資本主義システムは自立して永続する、壊すのは簡単ではない、無理に壊そうとすると歪曲《わいきょく》した、資本主義よりもっと悪い体制が生まれて来る、という論理です。

で、そんな『資本論』の解読作業をやると、今の世の中の基本構造がわかってくる。アメリカの新自由主義や市場原理主義も、『資本論』の読み直しによって理解できるようになる、と、こういう方向を狙《ねら》ってます。一冊目の『教会論』はあまり商売にはならないですが、『資本論』の再読なら多少は商売になるんじゃないかって、ちょっとコスイことも考えてます。

――『資本論』で商売、ですか（笑）。

**佐藤**　ええ。『資本論』は団塊世代を中心に私らの世代までかなり読まれてますからね。

――いずれにしても、佐藤さんがものごとを常に根源から考えておられることはわかりました。4時間睡眠が当分無理なことも。

**佐藤**　やはり、無理でしょうか（笑）。

さとう　まさる　1960年、東京都生まれ。85年、同志社大学大学院神学研究科修了、外務省に入省。在イギリス日本国大使館、在ロシア連邦日本国大使館勤務の後、95年より外務省国際情報局分析第一課に勤務。2002年5月、背任と偽計業務妨害容疑で逮捕。現在、起訴休職中。著書に『国家の罠』『自壊する帝国』（以上、新潮文庫）、『日米開戦の真実』（小学館）、『北方領土「特命交渉」』（鈴木宗男と共著　講談社）、『世界認識のための情報術』（金曜日）など多数。

## ④森　達也（ドキュメンタリー作家）

北朝鮮問題に関する家族会の対応がずっと不思議なんです。普通に考えれば、自分たちの家族がまだ北にいて、生きている可能性があるわけです。経済制裁は止めてくれと主張する方が当然だと思います。しかし、それを誰も疑問に思わない。

1998年に公開された映画『A』は自主制作だった。95年3月の地下鉄サリン事件の後に、当時テレビ制作会社のディレクターだった森達也さんがテレビ番組として撮ったのだが、どの局も買ってくれなかったからだ。

若いオウム信者の修行風景やインタビュー、広報担当の荒木浩氏の日常活動などを描いた『A』は、オウム真理教の教団内部に深く入り込んだドキュメンタリーであり、それまで誰も知らなかった内側からの映像だった。

この衝撃的映像が撮れた理由について、森さんは繰り返し答えている。「僕は当たり前のことをしただけだ」と。つまり、「広報の荒木さんに、ドキュメンタリー番組の取材をしたいので撮影させてほしい、と手紙を書き、OKの返事をもらったのだ」と。

ということは、森さん以前に、「ドキュメンタリーを作りたいから内部を撮影させてほしい」と教団に頼み込んだテレビ・クルーが皆無だった、ということである。

この映画『A』成立のいきさつは現代メディア、特にテレビ界に対しての、表現者(ドキュメンタリー作家)森達也の基本的な立ち位置を明確に表している。

〝中立〟〝公正〟〝客観的〟を看板に、実際には付和雷同的多数者の視点しか持たないテレビ界。一方の森さんは、いつも個人の視点を保ち、正攻法すぎるほど正攻法で対象に迫ってゆく、映像においても、活字においても。

『ミゼットプロレス伝説』『放送禁止歌』『職業欄はエスパー』『A2』『いのちの食べ方』……、常にそうだった（したがって、テレビ界での森さんの仕事の場が急速に少なくなり、近年、活躍の舞台が活字分野へとシフトしたのも無理はない）。

〝モリタツ〟こと森達也さんは、このインタビュー時点で「今、もっとも予約が取れない作家」と言われていた。ジャンルを超えた批評領域、取り上げるテーマの意外さ、等身大の視点、濃密なディテール、飄々《ひょうひょう》としたスタンス、そのどれもが斬新で、これまでいなかったタイプの作家だった。講演やシンポジウム、テレビ出演などの依頼が引きも切らず、多忙をきわめていたのである。

それから3年半たった現在、森さんの売れっ子ぶりは相変わらずである。08年1月には3年ごしの大作『死刑』（もちろん死刑反対の立場）を刊行、看板の〝愚直〟ぶりも健在だ。だが、映画『A』のファンとしては、懸案の映画『A3』の完成を特に心待ちにしたい思いがある。

**（インタビュー　2005年5月16日）**

## テレビはこれが最後かなと、もうないな、と感じた

――森さんは、現在の時代状況に対してもっとも果敢かつ鋭角的に発言を続けている表現者の一人ですが、活躍の舞台は、活字媒体の雑誌・書籍や映像分野の映画だけでなく、出身母体のテレビ番組の演出もあり、多彩ですね。その他に講演やシンポジウム、各地の上映会などもあると思うんですが、最近の平均的な1カ月のスケジュールと言うと、どうなりますか？

**森** 映画『A』や『A2』の上映会が毎月1回ぐらい、3月（2005年）には香港で上映されて、7月にはオーストラリアに行きます。シンポジウムとかトークショー、あるいはそれに類するものも、平均すれば週に1回か2回はありますね。でも、あとはほとんど家で執筆してますよ。

――そうですか。確か、テレビの番組を制作中と聞いたんですけど。ドキュメンタリーで、テーマは今上《きんじょう》天皇だとか？

**森** ええ、昨年（04年）後半からずっとそのテレビ作品に時間を割《さ》いてたんです。だけど、

写真・菊地和男

年が明け3月に中止と決まりました。まあ、半ば予想していましたが。

――どういうことでしょう？　経緯を少し説明してもらえませんか？

**森**　僕が以前から関わってきたフジテレビの「ＮＯＮＦＩＸ《ノンフィックス》」という番組です。深夜のドキュメンタリー枠で、根強いファンはいるものの、終了するという噂《うわさ》がずっとあった。で、この編成担当者が、月1回の放送に減ったこの番組を、頑張って従来のように週1回の放送に押し戻したわけです。そこで彼としては、勢いをつけたい、と。それで僕と是枝《これえだ》さんに連絡があったんです。

――『誰も知らない』の是枝裕和監督？

**森**　そうです。僕も彼も「ＮＯＮＦＩＸ」が古巣、言わば「ＮＯＮＦＩＸ」育ち同士なんですね。二人以外にもドキュメンタリージャパンやテレコムスタッフのディレクターらも参加して、シリーズ企画を作ることになった。昨年7月のその合同会議の席で、僕が「憲法はどう？」って提案したら、みんなも賛成して、分担して作ることにしたんですね。テレコムスタッフは憲法第96条、是技さんは第9条、僕は狙《ねら》いどおりに第1条。

――森さんは現在の天皇に対してもともと関心があったんですか？

**森**　きっかけは4年前（01年）の天皇誕生日の発言です。記者会見で、「桓武天皇の生母が百済《くだら》の武寧王の子孫であると、『続日本紀《しょくにほんぎ》』に記されている」と天皇は発言した。日本ではそれほど話題にならなかったけど、海外メディアは大きく取り上げました。当然です、すごい内容ですから。その時から僕は、天皇は何か必死にサインを出してるんじゃないかと思うようになった。天皇に何らかの葛藤《かっとう》があるとしたら、天皇制とかイデオロギーとかではなく、その葛藤に迫ってみたいと思ったんです。

——そうした番組の企画に対し、宮内庁側から「ノー！」の返事があった？

**森**　それ以前の段階で、編成の上層部と手法をめぐって折り合いがつかなくなって……。撮影は始めてましたが、「認められない」と。

——森さんの手法と言うと？

**森**　思い切り要約しちゃえば、『進め！電波少年』の天皇版です。天皇に会って話すまでの過程をドキュメンタリーにする。要するに天皇に会いたいと思う気持ちを作品のモチベーションに据えました。たとえ会えなくても、会えない過程自体をメイキング風に描くつもりでした。

——その手法が拒絶されたわけですか？

**森**　局側は、「どうせ会えないんだから、最初から作品として成立する可能性はない」、という意見です。会う会わないにこだわってしまい、その時点で僕の企画はボツ。他のチームもいろいろあったようですが、是枝さんの作品は先頃オンエアされましたね。

——天皇皇后ご夫妻は、先日のヨーロッパ旅行では、沿道の市民と何十分も会話したり、オートバイで先導した警官の一人一人と握手したりと、とても自然体でした。過剰警備の日本とはずいぶん雰囲気が違ってましたね。

**森**　外国の方がリラックスできるんでしょう。本来非常にリベラルな人だと思いますよ。

——それにしても、中止は残念ですね。テレビのドキュメンタリー番組の演出って、森さんにとっても久しぶりだったのでは？

**森**　実は、そうなんです。それで思ったんですが、テレビはこれが最後かなと、もうないな、と感じましたね。

——テレビは最後って、「ＮＯＮＦＩＸ」だけじゃなく、テレビでのドキュメンタリー制作すべてを止めるということですか？

**森**　はい。おそらく、僕に作品を依頼する人はもういないでしょうし、僕の方も、あえてテレビでやる意義を見出せないし。

――テレビはやはり制約が多い？

**森**　そうですね。演出側の主観がどうしても排除される構造があります。

――そうなると、森さんの多くの肩書のうち、テレビ・ドキュメンタリストというのがありましたが、あの名称は……。

**森**　外さなきゃね（笑）。

――ご自分では、何が一番ぴったりくるんですか？　やはりドキュメンタリー作家？

**森**　そういう紹介のされ方が一番多いんですよね。映像分野はドキュメンタリー、活字もこなして作家、だからドキュメンタリー作家だと。でも、うーん、ちょっと嫌ですね。

――嫌なんですか？（笑）

**森**　姑息《こそく》で僕らしいと言えば僕らしいのかもしれないけど、どうも腑《ふ》に落ちない。

――さきほどのお話だと、映像よりも、最近は執筆のお仕事の方がずっと多いですね。

**森**　原稿は毎日書いています。

——だったら、ノンフィクション作家でいいんじゃないですか？　ここ数年精力的に著作を発表されていて、今まで12冊ですが、そのほとんどがノンフィクションでしょ？

**森**　ノンフィクションという言葉が、まずは何だか気恥ずかしくて……。僕の場合、ジャンルによる優先順位って特にないんですよね。ノンフィクションも書くし、フィクションも書くし、集英社のPR誌に『新御伽草子《しんおとぎぞうし》』ってタイトルで民話のパロディを連載してますけど、そういうものも書く。自分としては、社会派とかドキュメンタリストとか一方的にラベルを貼《は》られているので、むしろそうじゃないものに挑戦してみたい、自分の違う筋肉を使ってみたいんですよ。けど、だからと言って映像への情熱が消えたわけではなく、映画の『A3』をぜひとも撮りたいという思いも常に持ってます。

——間口が広いと言うべきか、奥行きが深いと言おうか、さすが「ドキュメンタリーは本質的に曖昧《あいまい》」と喝破した人だけあって、一筋縄ではいかない曖昧にしてグレーな回答ですね（笑）。

## 本ばかり読んでる少年期から映画と演劇に目覚めた青年期

――私は森さんのノンフィクション作品の中では、3人の超能力者を追った『職業欄はエスパー』などが好みですけど、最近読んで感心したのは、50年以上前の〝昭和史最大の謎《なぞ》〟に森達也調の視点で挑んだ『下山事件《シモヤマ・ケース》』。これはスリリングでした。

**森** ノンフィクション業界では評判悪いんですよね。最後まで謎解きしてないって。

――しかし、取材する森さんの発表媒体が変わるたびに、当てるスポットが前後左右に揺れて、それが効果的に闇の構造の広がりと不気味さを浮き上がらせてます。TBS、自主映画、『週刊朝日』、自主映画の中断、そして最終的に新潮社。メディア・ホッピングをテーマの展開とうまく絡ませる、こういうノンフィクション作品は過去になかった。

**森** 書き終えてつくづく思うのですが、事件の謎解きとか犯人探しとか、それらの位相に僕は、決定的な興味を持てないんです。極端に言えば、犯人の固有名詞なんか、どうでもよい。『週刊朝日』とのあの確執がなかったら、僕は本を書けなかったかもしれませんね。自分の身体感覚が基盤というか、身近でハプニングなりトラブルなりが発生した時にようやく作品として自分のものにできる、みたいなところがあります。コツコツと事実や証言を集め、「ついに真実に辿《たど》り着いた！」っていうのは、どうも僕には合わないんですよ。

――森ノンフィクションの新しさって何だろうと、ずっと考えてたんですけど、おそらくそこでしょうね。実証性に距離を置いた、グレーゾーンの豊饒《ほうじょう》さの提示。映画の『A』『A2』、活字の『職業欄はエスパー』『放送禁止歌』『下山事件』、どの作品もそうですが、現代社会が当たり前とみなしていることへの疑念から取材が始まり、森さんが先入観に囚《とら》われず取材を進める過程で思いがけない事実の断片が次々と立ち現れる。通常はそのような場合、エピソード部分を大幅に刈り込んだり、矛盾する事実や発言を消去したりして作品に論理性を持たせようとするんですが、森さんの作品はそこが違う。一見テーマとは遠いエピソードや矛盾する事実も生かしておき、全体の中に巧妙に配置する。その結果、単に常識を覆《くつがえ》したり新説を唱えたりするノンフィクションではないノンフィクション、見慣れた事象の背後に巨大なグレーゾーンが広がり、そこに見知らぬ事実がいっぱい詰まった新しい世界像が提示される。

**森**　大先輩の足立さんにそこまで評されると、何と言っていいのか。でも、僕の場合、戦略性めいたものは最初からないんですよね。もともとトロいというか、トロいから常識で納得せず、その先その先と進んじゃう。余裕なんてないんです。ただ、今言われて、改めて映像作品と活字作品を比べてみると、ドキュメンタリーでもノンフィクションでも作法は同じですね。現実の断片みたいなものを主観で取り込み、自分と対象との関係性を再構成して作品化するわけです。基本的な形は映像も活字も変わらないでしょう、たぶん。

——ここでちょっと、マルチな映像作家・森達也ができるまで、というのをひもときたいんですが、父上が海上保安官で子どもの頃から引っ越しが多かったんですよね？

**森**　小学校が三つ、中学校が二つ。高校はさすがに一つだけです。

——主に日本海側ですか？

**森**　ええ。小学校は新潟から石川、石川から富山。中学で再び富山から再び新潟です。その前は青森と広島。親父の職業は2年に1回ぐらい転勤するんですすよ。

——吃音《きつおん》や偏食、不眠症とかっていうのは、その小学校時代のことですか？

**森**　そうです。4年生の時かな、給食がパンしか食べられなくて、副食が全然ダメ。ちり紙に包んで、机が開閉式ですから、全部そーっと隠しておいたら、ある日発覚してしまって大騒ぎになったことがあります。

——食べ盛りなのに、どうしてまた？

森　何でしょうね。口に入れた瞬間、戻しそうになる。

――やはり転校続きによるストレス？

森　偏食や吃音の他にも、髪の毛が突然抜けたりとかいろいろありました。もともと腺病質なんです。

――振り返ると、どんな子どもでした？

森　本ばかり読んでる内気な子どもでした。外でほとんど遊ばず、出かけるのは一人で虫捕りに行く時ぐらい。

――昆虫が好きなんですか？

森　虫とか生き物全般。と言うか、子どもの頃から機械類には興味を持てなかった。家ではカナヘビを20匹ぐらい飼ってました。

――本は何を読んでたんです？

森　小学館の〝少年少女世界の名作文学〟。全50巻なんですが、母親がいわゆる教育ママでしたから、毎月1回配本されるのを購読していたんです。『ああ無情』『にんじん』『路傍の石』とか、あの手の名作本はその頃ほとんど読破しています。毎月新刊を読んで、読み終わると学校の図書館の本。僕の人生で一番読書してた時期でしょうね。

——お気に入りの一冊は？

**森**　『聊斎志異《りようさいしい》』と『オー・ヘンリー短編集』かな。

——小学生が『聊斎志異』と『オー・ヘンリー短編集』？

**森**　ええ。あと北欧神話の『ワイナモイネン物語』とか、神話系の話が好きでした。『古事記』も面白かったですね。

——病弱で内気で、難しい本を読みあさる〝本の虫〟。転校生でイジメも多かったと著作にありますが、そんな暗い子が脱皮したきっかけは何だったんでしょう？

**森**　中学1年生で富山から新潟に転校した時、かなりイジメられました。で、1回殴り合いになった時に、僕が反撃したんですよね。そしたら相手も周囲も驚いちゃって、それからクラスの空気が変わりました。僕自身もその頃から、少しずつだけど変わったのかな。以後のイジメはありません。中学・高校通して柔道部なので、いつの間にか体育会系のイメージも付いたんでしょうね。

——そして立教大学に入る。映画に目覚めたのは大学生になってからですね？

**森**　映画と演劇、両方です。高校時代に友人の8ミリ映画作りにスタッフとキャストの双方で関わって、それで両方に興味を抱いたんですね。大学では映画サークルと演劇サークルに入りました。

――映画は監督もやったんですか？

**森**　1年生の時にやりました。

――1年で監督を？

**森**　はい。僕らが入った年から脚本が公募制になったんです。それまでは3、4年生が書いていたんですけどね。で、僕の脚本と黒沢清の脚本が選ばれて、結局2本やろう、と。

――『アカルイミライ』の黒沢清監督？

**森**　そうです。それぞれの脚本を同時進行で二人が監督したわけです。森組と黒沢組。スタッフに回った上級生は不満顔でしたけど。

――日本映画史上、記録に残る年ですね。

**森**　僕のほうはすぐに破綻《はたん》しました（笑）。僕、現場では案外ワンマンなんです。演出して撮影を担当し、しかも主演俳優。ほぼ私物化ですから「映画作りを何だと思ってるんだ！」って総スカン（笑）。森組は空中分解です。

――どんな映画だったんですか？

**森**　恋愛物です。主人公の大学生、つまり僕がある朝下宿で目を覚ますと、日本で戦争が始まってる。そこへ恋愛が絡むという……、自分でもわけのわからない話です（笑）。

――映画サークルの監督はそれ１本？

**森**　そう、あとはスタッフや俳優の一員ですね。その頃から演劇サークルの方へ重心が移って来て、４年生になっても就職活動をせず、結局試験を受けて新劇系の劇団〈青俳〉の養成所に入るわけです。

――〈青俳〉にいたのは2年間ですか？

**森**　ええ。なぜなら2年後に倒産したので（笑）。その後はフリーの演劇青年です。バイトしながらチャンスがあればいろんな劇団の舞台に立つ。29歳でテレビ制作会社に職を得るまで、20代は大体そんな感じでしたね。

## 視野狭窄《きょうさく》になったときは、プロデューサーの意見より妻の意見

――どんな俳優を目指してたんですか？　笠智衆《りゅうちしゅう》、三國連太郎風の個性的な脇役ですか？

**森**　原田芳雄さんや松田優作さんみたいな二枚目路線ですよ（笑）。

――まさか（笑）。

**森**　意外ですか？（笑）当時の男優志望者は、20人いれば10人は原田さんや松田さんのコピーでしたよ。夜でもサングラスして、部屋の隅ですねたようにタバコくわえて（笑）。

――そんなミニ原田芳雄の森さんが、俳優の道を断念したのはなぜですか？

**森**　僕が28の時、仲間だった林海象《はやしかいぞう》が、やっと金の工面をつけて1本の映画を監督することになったんです。その処女作に、「主演はお前で行く」って言ってくれた。すごく嬉しかったんですが、クランクインの数日前に僕が病気で倒れちゃった。診断は骨膜炎だったかな。猫に引っかかれた足の傷口から感染したらしくて、即入院。でも、林海象はギリギリの日程を組んでるからとても退院まで待てない。で、僕の病室に来て言ったんです。「悪いけど、別の俳優で行くよ。〈状況劇場〉にいた佐野史郎って人」……。

——うーん、ついてない。

**森**　運がないし、考えてみれば自分は演技力もたいしたことないなって、思い直したんですよ。ちょうどその頃、病院の看護師さんとも恋愛関係にあったので、「そろそろ芝居から足を洗おうかな」と。

——その看護師さんが現在の奥さん？

**森**　はい。

——森さんの著作のいくつかに、「誰にも事情や過去や家族があって、大事な生活がある」といった記述があります。森さん自身にとっても、家族の存在は特別に重要ですか？

**森**　重要な支え、でしょうね。家族を養うために仕事を続けざるを得なかったわけですし、その結果、今こうしているんですから。

——お子さんは3人？

**森**　はい。長女が大学1年、次女が中学3年、少し離れて長男が小学校3年です。

——家族のことは基本的に奥さん任せですか？　奥さんは仕事に口出ししない？

**森**　いや、けっこう口出しはしますよ。粗編集の映像を家で見せると、「ここはもっと短く」とか「このカットをここで挿入するのは変」とか、厳しいことをいろいろ言います。

――森さんから見て適切な助言ですか？

**森**　かなり適切ですね。作品を作ってると無意識のうちにどんどん視野狭窄になるんですよ。第三者の意見が欲しいんですが、テレビ業界の人はアドバイスする時に、違うバイアスがかかる場合がある。だからどうしても、プロデューサーの意見よりも妻の意見、となっちゃう（笑）。

――奥さんと言えば、『「A」マスコミが報道しなかったオウムの素顔』に書かれていることですが、感動的シーンがありますよね。映画『A』の最終局面で制作費の資金繰りに窮した時、家に帰って森さんがボソッと呟《つぶや》くと、虎の子のヘソクリを奥さんが黙ってポンと手渡す。現代版山内一豊《やまのうちかずとよ》の妻！（笑）

**森**　僕は無収入でしたが彼女は働いてましたからね。でもあとで読んで、「金額が違ってる」と言われました（笑）。

――3人のお子さんは父親の仕事のことをどう思ってるんでしょうか？

**森**　さあ、あんまり興味ないんじゃないですか。何だか本を書いたり映画を作ったりしている人らしい、程度で。

――だけど、家の中には父親の書いた本がその辺に山積みされているわけですよね。

**森**　たぶん読んでないでしょう。『ハリー・ポッター』とかを読んでるようです（笑）。

――大学1年生の長女は？

**森**　読んでるけど読んでないふりをしている、って可能性はありますね。

――森家のモットーって何ですか？　森さんが常々子どもたちに言い聞かせていること、と言い直してもいいですが。

**森**　そういうの、ないです。

――森さんが著作の中で何度も繰り返し述べていらっしゃる「他者への想像力」とか、「個が主語をなくすと、述語が暴走する」とかは？

**森**　ははは（笑）。そんなこと家庭の中で言いませんよ。ルールめいたもので唯一あったのは、僕が家にいる時に家族一緒に夕ご飯を食べることくらいですが、塾とか大学とか行き出すと、もうみんなバラバラの時間ですから。

――お子さんたちは森さんをどう呼んでるんですか？　パパ、親父、お父さん？

**森**　困ったな……。「たっちゃん」なんです。

――小学3年生の長男も、ですか？

**森**　そう。妻が僕をそう呼ぶので、3人とも「たっちゃん」なんです。妻の方は「お母さん」と呼ばれてますから、僕も何度か「お父さん」を提案したんですが、いつの間にか「たっちゃん」に戻ってしまう。ここまでしぶといと、もう変わりませんね（笑）。

## オウム事件の本質は、事件を受けて激震した社会の方にある

**森**　すみません、煙草吸っていいですか？

――タバコでもビールでも、どうぞどうぞ。

**森**　ビールは、まだちょっと（笑）。（カメラを向けた写真家に）あの、喫煙シーンはNGにして下さい。

――あれ、タバコがNGですか？

**森**　ほんとうは5月から禁煙してることになってて。

――〝タブーなき男〟森達也のタブーは、意外にも禁煙中の密《ひそ》かな喫煙だった（笑）。

**森**　今度こそ止めるつもりでいたのですが……。

――あと森さんにとってのタブーって何でしょう。例えば、浮気とか？

**森**　それはダメです（笑）。

――でも、ミニ原田芳雄時代には恋愛沙汰《ざた》も相当あったんでしょ？

**森**　それはね、独身でしたから。……これ、誌面に載せるんですか？　まさか足立さんにこんな質問されるとは思ってもいませんでした。

――ま、無頼派もマイホーム派も潜《くぐ》り抜けて今日の森達也があるわけですね。それで、いよいよ『A3』の話なんですが、月刊『PLAYBOY』で連載中の活字版『A3』は、これはやはり「麻原彰晃とその周辺の物語」と見ていいんですか？

**森**　そうですね。映画の『A』と『A2』では、麻原を撮らなかったし撮れなかったわけです。しかし、麻原が大きな質量であることに変わりはない。でもこのテーマは、キャメラでは撮れないものが多すぎる。それで『PLAYBOY』に「A3」を書くことにしたんです。

――連載開始後数カ月ですが、中間報告としてはどんな思いですか？　法廷でナマの麻原を見たり、熊本県の麻原の故郷を歩き回ったりされたわけですが。

**森**　僕の中に、麻原に卑小な犯罪者や異常者であってほしくない、という思いがあったんです。似た思いを、かつて藤原新也さんも述べてますけどね。だからその分、全体にブローアップしてる部分があるかもしれない。けれども、そのことを踏まえた上で、なぜあんな事件が起きたのか、起こしたのか、もう一度根底から考えてみたいんですね、今は。

――なぜオウムが地下鉄にサリンを撒《ま》いたか、ですね？

**森**　それと、麻原がなぜ指示をしたのか。

――最近『私にとってオウムとは何だったのか』という本が出版され、そこで早川紀代秀が事件に関する手記を発表しています。

**森**　知ってます。

――早川によれば発端は、教団の医師が一人の信徒を不注意から死なせたことだった。早川ら幹部が遺体を極秘処理したが、それを知った信徒の田口修二さんが脱会を申し出たため、田口さんを殺した。同じ頃、教祖の麻原は〝ポア〟などの殺人を肯定する教義を説き始め、坂本弁護士一家殺害事件を起こす。秘密を抱えた麻原と幹部は、組織防衛のため以後次々に殺人を拡大した……。というわけですが、これは参考になりましたか？

**森**　連載に一部書きましたけど、このところ被告たちに面会に行ってるんですよ。岡崎一明さんは5月早々死刑が確定しましたから、もう会えませんが、4月に早川紀代秀さんに面会したし、〝殺人マシン〟と称された林泰男さん、あと広瀬健一さんとか、一審で死刑判決の出た被告たちですね。彼らと手紙のやり取りや面会を重ねてきて、まだ発表できないことがいくつもありますけど、岡崎さんが興味深いことを言ってます。

――どんなことですか？

**森**　「麻原は自分がシヴァ神だと思い込んじゃったんだ」って。シヴァ神は、本来なら帰《き》依《え》する対象。それなのに、麻原は一時的に自己と同一化させたんじゃないかと。いずれにせよ、人を殺したり罰したりして何らかの利益を得る、というような動機ではなかった気がするんです。僕は、背景にあったのは、やはりもっと宗教的なものだったと思う。そもそも人間に死への恐怖があるから宗教が生まれる。逆に言えば、宗教には、生と死を等価にしたり、場合によって反転させたりする危険性が潜んでいるわけです。だからこそ、歴史を遡《さかのぼ》ってみればわかることですが、宗教は戦争や大量殺戮《さつりく》と親和性が高い。

——オウムの事件には宗教組織の持つマイナス面が全部出てしまった？

**森**　さまざまなことが最悪のタイミングでリンクした、と思います。もう一つ、言えることがあります。誤解を招きかねないので、慎重に言葉を選ばないといけませんが、オウム事件での死者の総数は、これまでの大量殺戮などと比べるとさほど多くはない。純粋に数量だけから言えば、大事件と呼べるほどの事件でないにもかかわらず、僕らの社会が受けた衝撃は甚大だった。となれば、オウム事件の本質は、オウム真理教それ自体と言うより、事件を受けて激震した社会の方にあるんじゃないか、とも考えられる。

——映画『A』と『A2』が問題提起しようとしたのも、そこですよね。オウム信徒を通して見える我々の社会のいびつさ。

**森**　ええ。連載の初回に書きましたが、精神に変調をきたした麻原は無惨に放置されたままで、オウム事件は10年たってもまるで終わってない。であれば、麻原のパーソナリティを知ることで、事件への新しい視座を獲得できないかと思ったんです。

——一つ引っかかることがあるんですが？

**森**　何でしょうか？

――映画の重要なメッセージの一つにオウム信徒の心優しさがあります。彼らは意外に善良で、素朴、単純、稚気や珍妙さもあり、優しい人々だ、と。あるいはホロコーストを断行したナチスの、意外な優しさや善良さ。こうした個々の事件から抽出されたキーワードの〝優しさ〟と、森さんの主張の根幹をなす「世界はもっと豊かで、優しい」の中の〝優しさ〟は、どちらも同じなんですか？

**森**　微妙に違いますね。「世界はもっと優しい」の〝優しさ〟は、凶暴さや殺伐性を含んだ多面的豊かさの中での〝優しさ〟です。オウム信者の場合は、多面性ウンヌンの前に、「極悪非道の殺人集団」「洗脳されたロボット」という強固な一般認識がありますから、それに対するカウンター的な〝優しさ〟ですね。もちろん、彼らに負の側面はたくさんあるわけで、『A3』ではその部分も出して行きたいと思ってます。以前は取り上げなかったもっと暗く、ダーティな部分とか。犯罪とか、そのレベルではなくて、人間が生来的に持つ暗くてダーティな部分です。付け加えて言っておけば、僕の言う〝優しさ〟は、いつ不意に憎悪や悪意に変わるかもしれない〝優しさ〟のことです。人は残虐であると同時に優しいんです。決して単純な性善説を唱えているわけじゃない。

――活字版『Ａ３』の輪郭はわかりましたが、それとは別に映画『Ａ３』があり、「絶対に撮る！」と宣言されてます。これは？

**森**　自分で決めちゃってるんです（笑）。森達也にとってオウムとは何か、それを映画で撮りたい。だから活字の『Ａ３』とはまったく違うものになるし、オウムの信者なんて一人も出て来ないかもしれない。とにかくいずれ撮る。撮らなきゃいけない。

――最後に、カッコ付き「社会派」として、最近気になっている世の中の出来事や事件に対する考えを聞かせて下さい。

**森**　そうですね。例えばですが、北朝鮮問題に関する家族会の対応がずっと不思議なんです。普通に考えれば、自分たちの家族がまだ北にいて、生きている可能性があるわけですから、経済制裁は止めてくれと主張する方が当然だと思うんです。ところが、彼らが制裁要求の先頭に立っていて、世論やマスコミがこぞってその後押しをしている。しかも異常な熱気です。救う会も含めて何らかの政治的力学が働いているとしか思えない。ものすごくねじ曲がった構造なのに、悪い北に制裁を加える図式がアプリオリに善とみなされていて、誰も疑問を持たない。ちょっと不気味な状況だと思うんです。

——単純な善悪二元論の弊害がこの社会のあちこちに出現している？

**森**　ええ。韓国や中国との領土問題もそうですね。領土があっちのものかこっちのものかを問う黒白の二元論。この論法だと、身動きできなくなる。竹島も尖閣《せんかく》諸島も人が住んでないんでしょ？　だったら、向こうにあげてもいいんじゃない？　まぁ、海底油田とか経済水域の問題はあるけれど、「領土が欲しければどうぞ」って選択があってもいい。領土は不可侵という前提から始まるから交渉が膠着《こうちゃく》しちゃうわけですよね。国益とか中立などの言葉も同様で、正しさが無条件に約束されている言葉や論理は、疑った方がいいと思う。と言うか、僕は嫌いなんです。この間シンポジウムで同じ発言をしたら、場内が一瞬シーンとなって冷えびえしちゃったけど（笑）。

——かなり過激な二元論潰《つぶ》し（笑）。でもオウム以降、黒か白かの二元論世界が急速に広まった、というのが森さんの持論ですね？

**森**　はい。黒白間のグレーゾーンの幅がとても狭くなってきてます。ドキュメンタリーやノンフィクションの役割は、そのグレーゾーンの本来の幅を取り戻すことだと僕は思うんですけどね。

——ところで、森さんのどの著作でも、取材の合間にビールを飲む場面がなぜか印象に残るんですが、ビールはお好きですか？

**森**　大好きです（笑）。

——では、生ビールから行きましょうか。

**森**　もちろんです。行きましょう！

もり　たつや　1956年、広島県生まれ。映画監督、ドキュメンタリー作家。98年、自主制作ドキュメンタリー映画『A』を発表。ベルリン映画祭に正式招待される。2001年、続編の『A2』が山形国際ドキュメンタリー映画祭にて審査員特別賞、市民賞をダブル受賞。著書に『「A」マスコミが報道しなかったオウムの素顔』『職業欄はエスパー』（以上、角川文庫）、『下山事件』（新潮文庫）、『ご臨終メディア』（森巣博との共著／集英社新書）、『死刑　人は人を殺せる。でも人は、人を救いたいとも思う』（朝日出版社）、『メメント』（実業之日本社）など多数。

## ⑤島田裕巳（宗教学者）

大真面目に革命を志向する閉鎖集団は、ソ連でも中国でもカンボジアでも少数のエリートたちが過激に暴走してしまった。オウム事件で終始中心にいたのは村井秀夫ですが、彼は裁判の前に消されてしまった。闇の世界と深く関わっています。

2001年9月11日、アメリカで世界を震撼させる同時多発テロが起きた。犯行には、オサマ・ビンラディン率いるイスラム原理主義の過激派、アルカイダが深く関与したと見なされている。

この事件を契機として、アメリカ主体の多国籍軍によるアフガン戦争、イラク戦争が始まり、現在も続いている。また、01年以降、インドネシア、ロシア、スペイン、トルコ、エジプト、イギリス、インド、パキスタンなどで、宗教的過激派によるテロ事件が続発、毎年多数の死傷者が出ている。

ということは、21世紀は「宗教の世紀」であり「テロの世紀」だということである。

こうした世界の潮流が、極東の島国にいるとなかなか見えにくい。21世紀に入ってから日本国内で重大なテロ事件が発生していないせいもあるが、宗教がらみのテロを、どこか遠い国での不幸な出来事と思いがちだ。

ところが、「宗教」と結びついた「テロ」ということなら、実は日本は先駆的な国なのだ。そう、オウム真理教のテロ事件である。

麻原彰晃こと松本智津夫を教祖にいただくオウム真理教は、猛毒の有機リン化合物サリンを使った無差別大量殺人を計画し、実際に1994年6月に長野県で松本サリン事件を、95年3

月には東京で地下鉄サリン事件を起こした（他に、坂本堤弁護士一家殺害や複数の信者殺害などの殺人事件も）。

「オウム真理教の事例は、テロリズムを敢行しようとする意志などまったくもっていなかった人間が、いつのまにかテロリストに仕立て上げられてしまう可能性があることを証明した。しかもそうした事態は、世界でもっとも安全で平和と言われる日本で起こった」（島田裕巳著『オウムと9・11——日本と世界を変えたテロの悲劇』メディア・ポート刊）

いったいなぜ、世界の宗教テロの先駆けとなるようなオウム真理教のテロ事件が、日本で起きたのか？　宗教は本来平和を希求するはずなのに、なぜ殺人が正当化されたのか？

ここはやはり、「オウム真理教の擁護派」という誤解で教職を追われ、ドン底生活を味わい、01年発表の大作『オウム——なぜ宗教はテロリズムを生んだのか』で不死鳥のように言論界に甦《よみがえ》った宗教学者、島田裕巳さんに話を聞いてみるしかない。

日本の宗教史上最悪の過激派教団であるオウム真理教は、島田さんにとって、生涯にわたる研究対象であり続けているのだから。

**（インタビュー　2007年2月27日）**

――3月下旬（07年）に出版される予定の『中沢新一批判、あるいは宗教的テロリズムについて』を、原稿の段階で読ませていただきました。これは、親しかった大学の先輩をオウム事件に関連して名指しで批判するという衝撃的な本ですが、内容がかなり専門的知識を必要とするので、後ほど伺いたいと思います。

それで最初に、島田さんの人生の最大のターニングポイント、島田さんがオウム真理教擁護派としてバッシングを受け、大学教授の座を追われた件から聞きます。

**島田**　いいですよ。

――1995年9月下旬、『日刊スポーツ』に日本女子大の島田教授が「麻原彰晃からホーリーネームをもらっていた」「教え子をオウムに入信させた」「オウムの幹部待遇を受けていた」などの記事が載り、それがきっかけとなってテレビのワイドショーなどで猛烈なバッシングが始まりました。その結果、「島田教授を辞めさせろ！」という意見が大学に殺到し、2カ月後の11月に辞職、ですね？

**島田**　ええ。そうなんですが、大学当局の私を辞めさせたいという思惑は新聞記事の前からありましたね。その前年に、私は『噂《うわさ》の真相』や『週刊文春』で叩《たた》かれ、大学の教職員

写真・須田慎太郎

や保護者あてに怪文書を2回バラまかれています。怪文書は、私が教え子をオウムに勧誘し、さらに乱暴したというもの。それに、統一協会の擁護疑惑。だから95年3月に地下鉄サリン事件が起きた時点で、私に対する非難の電話がたくさんあり、学長は私にはっきり「辞めてほしい」って告げていたんです。

――でも、各種のマスコミ報道も怪文書もまったくの事実無根だった？

**島田**　もちろんです。

――どうして辞職勧告を断固拒否しなかったんですか、無実なのに。

**島田**　だから、9月のバッシングまで辞めるつもりはありませんでした。査問委員会などでもきちんと弁明しました。ところがバッシングの嵐は止まず、日本女子大を紹介してくれた信頼する先生と話し合って「これは辞めるしかない」という結論に達したわけです。

――理不尽な思いはしませんでしたか？　それまで、吉本隆明、山崎哲、中沢新一といった多くの知識人が仏教の実践集団としてのオウム真理教を評価していました。なのに、バッシングで実害を受けたのは島田さん一人。

**島田**　他の人と私が違っていたのは、統一協会問題が絡んでいたこと。私は、そう思ってるんです。実際、「統一協会を擁護するな」という批判は大きかった。擁護してませんけどね。そこへ『日刊スポーツ』の記事が出て、私が一番叩きやすいと思われたんでしょう。

——しかし、そうした形の辞職は、単なる失職ではなく、殺人集団に加担したとみなされるわけですから、ダメージが大きいですよね。人間性を問われることになるし、再就職なども極端に困難になってしまう。

**島田**　ですから辞めてすぐ弁護士と相談し、発端となった記事を載せた『日刊スポーツ』を名誉毀損《きそん》で訴えることにしたんです。

——結果は？

**島田**　3年後の98年11月に私の側の全面勝訴です。もっとも、翌年6月の謝罪広告はちっぽけなもの。判決を伝えた他紙の扱いもごく簡単なものでした。多くの時間と資金と労力を使い、得たものはほとんどなかった。

——事件の私生活への影響は？

**島田**　離婚ですね。一連のゴタゴタから家族を守り切れなかったということで、9月前に妻が実家に帰ってたんですが、そのまま99年に離婚です。一人娘は学校があるので、私の方にしばらく戻ったりしてましたけど。

――収入面の変化もありますか?

**島田** それは大きいですよ。私はバッシング前、多い時で年収が二千数百万円ありました。

――そうでしたね。95年以前の島田さんはメディア露出度の非常に高い新進気鋭の宗教学者でした。確か、NHKのテレビ番組のキャスターもされてた?

**島田** NHKの「ナイトジャーナル」です。93年から94年にかけて、私は水曜日の担当でした。ともあれ、あの頃は忙しく収入もあった。それが、年収100万円台に激減です。

――20分の1ですね。

**島田** アカデミズムの門を閉ざされ、大学や研究所にも就職できない。仕方なく、妹が演劇をやっていたので戯曲を書いてみたりしましたが、ご存知のようにあの世界はまったくお金に縁遠い(笑)。

――どうやってしのぎました?

**島田** 貯金の取り崩しなどで、数年間。

――結局、再浮上の契機はアノ本ですか?

**島田**　そうです。3年がかりで540ページほどある分厚いオウム事件検証の本『オウムなぜ宗教はテロリズムを生んだのか』を書き上げ、2001年に出版して一定の評価を受け、ようやくバッシング後遺症から脱しました。

## 山岸会で経験したイニシエーション

――島田さんがなぜ宗教学者になったたか、ということですけども。

**島田**　私はごく普通のサラリーマン家庭の長男でした。父の代から二代続けて東京生まれ東京育ちで、特別の宗教的背景はないんです。

――島田家の宗教は何ですか？

**島田**　曹洞宗です、一応。でも、本来は臨済宗なんですが、祖父が墓地を買う時に手頃な臨済宗の墓が入手できず、「同じ禅宗ならいいや」と曹洞宗の寺にした。その程度のいい加減な曹洞宗の家です。

――そうするとやはり、東大に入って宗教学に出会ったことが決め手となった？

**島田**　それですよね。大学2年の時に柳川啓一教授（故人）、この人は中沢氏の恩師でもあるんですが、その授業を受けて、宗教学の面白さに俄然《がぜん》目覚めてしまったわけです。

――何かきっかけはあったんですか？

**島田**　柳川先生は最初の授業の冒頭、黒板に大きく〝イニシエーション〟と書いた。このテーマで半年間勉強すると言うんですね。ところが私も他の学生たちも、イニシエーションとは何のことか皆目わからない。生意気ざかりの私たちにはショックでした。

――文化人類学でいう、部族などの仲間入りの儀式、一種の成人式ですよね？

**島田**　そうですが、当時はまだあまり知られていない概念だった。で、柳川先生によれば、イニシエーションを指標にすれば、個人の人生はむろんのこと、社会的試練ということで社会の変動・発展も斬れる、と。最新の外国の文献などを駆使しながら持論を展開するわけです。これは面白い、と思いました。

――古い自分が死んで新しい自分に生まれ変わる、イニシエーション。

**島田**　そうそう。そういう関心の下地があったから、その頃は大変な就職難という情勢もあったけど、4年のゼミで共同体運動の山岸会（現、幸福会ヤマギシ会）に調査に行き、特講を受けてそのまま入会したんです。

――トッコウ？

**島田**　特別講習研鑽《けんさん》会、山岸会の研修会です。怒り研鑽なんていうのは、なぜ人間が腹を立てるのかをみんなでトコトン考え、最後は論理的に腹が立たなくなるという研修。かなりユニーク。もともと山岸式養鶏法の農業集団ですが、理想社会の実現を目指してました。

――でも、在籍したのはわずか7カ月？

**島田**　都会っ子だから（笑）。いや、内部で路線の変更があったんです。70年代半ばは年代的に少し上の元全共闘の人たちが数多く集まっていて、自由な政治志向、ある種の学生運動の雰囲気がありました。だけど、それでは組織として立ち行かないと、真面目に農業共同体を目指し始めたんですね。それで私も、栃木県の南那須の農場に行かされた。何もない場所で、1カ月間毎日宿舎と農場の往復。「俺、何やってんだろう？」って（笑）。

――それで、大学院に行った？

**島田**　他に行くところがないから（笑）。

――けれども、大学院生時代に、緑のふるさと運動というのに関わってますよね。これは、山岸会の脱会派のグループですか？

**島田**　そうです。早稲田の新島淳良さんが中心となり、他の共同体運動との連携を模索して立ち上げたわけです。元会員がそこに集まるようになって、私もその一人でした。全員が山岸会に対しては批判的なんだけど、なぜか事務所費は山岸会が出していた（笑）。

――そこで元奥さんに出会った？

**島田**　いえ、会ったのは大学院の博士課程の頃、緑のふるさと運動の終盤の時期ですね。関連の野草社という出版社の編集を手伝っていた時、神戸で知り合いました。

――で、結婚された。

**島田**　ええ。80年、私が26歳の時です。

――そうした山岸会との関わりは、その後のオウム研究に役立ったんでしょうか？

**島田**　役立ったと思っています。もちろん、山岸会は農業集団でオウムは宗教集団、非日常の世界の実在を想定しているかどうかという点でも、まったく異なります。当然、単純な比較などできない。けれど、二つとも閉鎖的集団で、固有の価値観に基づく共同体を営んでいたのは事実です。その内部に暮らした体験は有用だったと考えています。また、共同体の部外者、当事者、脱退者のそれぞれの視点の違いを知ったこともよかった。

## 麻原彰晃のカリスマ性

——95年の地下鉄サリン事件がオウムの犯行とわかるまで、島田さんはオウム真理教を宗教集団として評価していました。オウムのどこに惹《ひ》かれたんですか？

**島田**　惹かれたというより、同質性かな。

——どういう意味でしょうか？

**島田**　私とオウムの最初の関わりは90年12月の波野村です。道場建設を巡って熊本県波野村でオウムと住民が対立しており、私は地元新聞の取材依頼で現場を訪ねた。その時に、既視感のようなものを覚えたんです。

——どこかで見た風景だ、と。

**島田**　プレハブの並ぶ道場近辺の光景が開拓地風で、三重県の山岸会の本部周辺とよく似てた。そこにいる人たちもみんな若く、年恰好《かっこう》も山岸会の青年たちと重なった。そして翌々日、偶然にも麻原彰晃と会ったんです。

——麻原も熊本に来ていた？

**島田**　逮捕された青山吉伸弁護士の初公判のため東京から駆けつけていて、急遽《きゅうきょ》時間を取り、私と麻原の対談がセットされました。

――その時が初対面ですね？

**島田**　はい。実際会ってみて、ちゃんと話ができる人だと思った。宗教界の人は一方的な話し方をする人が多いけど、彼はそうではなく、ごく普通に会話ができる。共感というのか、「あ、わかる」と思いましたね。

――理想社会を求めて共同体を運営する若者特有の思いやにおい、のようなもの？

**島田**　そのような同質性でしょうね。

――翌年9月、島田さんは「朝まで生テレビ」に出演し、また麻原と会います。あの番組は私もたまたま見ましたが、島田さんをはじめ多くの出演者が幸福の科学よりもオウム真理教に好意的でした。それは後に著書で書かれているように、ヨガと原始仏教とチベット密教を実践していたオウムが、他の世俗的な教団より仏教集団らしかったから？

**島田**　真面目に修行していると思いました。ああいう仏教集団は他になかった。それともう一つ、麻原という人間ですね。「朝生《あさなま》」で、麻原の持つカリスマ性を強く感じました。

――具体的にはどういう場面ですか？

**島田**　スタジオに来ていた視聴者との応答があったんですが、若い発言者に対して麻原がマジで叱《しか》る。非常に真剣で、まるで自分の弟子を叱っているような迫力なんです。

――その時点で麻原は全盲ですか？

**島田**　そうです。麻原は前を向き、後方の質問者と話すんですが、相手の問題点を瞬時に捉《とら》え、鋭く弱点に切り込む。完全にターゲットとして把握してしまうんです。しかも、当初自分たちの発言機会が少ないと怒ってたんですが、後半、会場に受け入れられたと見るや急に穏やかな口調になり、番組全体が次第に麻原ペースになっていく。何だか、麻原がその場を仕切っている感じでした。

――なるほど。島田さんの『オウム――なぜ宗教はテロリズムを生んだのか』は、地下鉄サリン事件に至るオウムの分析と検証の本で、麻原の生の人間性にはあまり触れていませんが、実際に接すると、麻原のカリスマ性はとても強かった？

**島田**　ほぼ決定的だと思います。実際に会った人と会わなかった人では全然評価が違う。麻原と会って話した田原総一朗さんなんか、「あれは本物、だから怖い」と言ってます。

――しかし、当時すでに、坂本弁護士一家殺害事件を起こしていたわけですよね？

**島田**　疑いはあった。でもまさか、教団の中枢が関わっているとは……。

――その後オウムはロシア進出を経てサリン製造へと突き進む。そしてついに、無差別大量殺人を犯すという最大の謎《なぞ》が発生するわけですが、島田さんは『オウム――なぜ宗教はテロリズムを生んだのか』で88年の真島事件がすべての端緒だったと指摘しています。在家信者の真島照之さんが施設内で死亡し、宗教法人申請中だったオウムは死亡事実を隠すため遺体を内々に処分してしまった。

**島田**　最初の殺人はそのために起きます。遺体処理に加わった信者が脱会を申し出て殺され、以後、麻原や幹部は秘密を共有することになる。

――その頃からハルマゲドン（世界最終戦争）やヴァジラヤーナ（金剛乗）の教えを麻原が説くようになり、一方で殺人事件もエスカレートします。島田さんはヴァジラヤーナの中でも、グルが修行として不条理な試練を弟子に課すマハームドラーに注目していますね？　非常に危険な教義である、と。

**島田**　修行の名のもとにどんな行為も可能になるからです。一般信者に対しては、マハームドラーはワーク（作業）をさせる餌《えさ》でした。「苦しいけれど修行だよ」と。だけど、秘密を共有する幹部たちにとっては、麻原の意図を先回りして解釈したり、拡大解釈したりする最大の根拠となりました。

――確かに、オウムのわかりにくさはダブルスタンダードだったことですね。一般信者は殺生戒《せっしょうかい》を守りゴキブリすら殺さないのに、幹部たちは平然と人を殺しサリンを撒《ま》く。

**島田**　大真面目に革命を志向する閉鎖集団はどこでもそうです。ソ連でも中国でもカンボジアでも、少数のエリートたちが過激に暴走してしまった。日本の学生運動も、結局は浅間山荘事件に収束します。一連のオウム事件で、終始中心にいたのは村井秀夫ですが、彼は早期に、裁判の前に消されてしまった。

――『オウム――なぜ宗教はテロリズムを生んだのか』で唯一不満なのは、その点です。麻原以上にすべてを知っていたはずの村井が、ほとんど取り上げられなかった。

**島田**　村井の存在は、とてつもなく大きいです。ただし、彼の殺害事件は闇の世界と深く関わっています。その意味で非常に怖い。

――村井事件の真相を知りたいですね。島田さんでも森達也さんでもいいけど（笑）。

## 創価学会の都市伝説

――島田さんは、オウムの対極にある新宗教、世俗主義の本丸と言うべき創価学会の本を書いて、ベストセラーとなっています。新潮新書の『創価学会』の売れ行きは今？

**島田**　7万部、ですか。

――意外に創価学会員が読んでるとか？

**島田**　ネットで、学会員の女の子が彼氏（学会員）の部屋を掃除中に私の本を見つけ、恐る恐る読んだというブログがあった（笑）。

――最近の若い学会員が創価学会の歴史を知らないのは、やはり91年に創価学会が日蓮正宗から破門されたせいですか？

**島田**　それはそうです。組織の歴史的経緯は学会の広報でも「もうやらない」と言っているから、若い一般会員は知りようがない。

――この本は、深く分け入りつつ客観性を保って、宗教学の醍醐味《だいごみ》を感じますね。

**島田**　オウムで学んだものです（笑）。

——市販されている書籍や資料以外の内部情報は、どうやって入手したんですか？

**島田**　研究をしていると、学会や対立する諸宗派、いろんなところと接触の機会があるんです。だから、一般学会員やトップクラスの幹部を何人も知っているし、雑誌の企画で秋谷栄之助会長（当時）にも会いました。

——池田大作名誉会長とは？

**島田**　申し込んでるけど会えない（笑）。通信衛星で中継される幹部会の名誉会長スピーチは、学会員と2度聞きましたけどね。

——本によれば、お題目を唱える池田名誉会長の声は他を圧倒していたとか？

**島田**　それだけでなく、頭脳の明晰《めいせき》さも庶民性もユーモアもある。あれだけ話の盛り上げ方がうまい人はいない。カリスマですよ。

——創価学会も、やはり。

**島田**　単なる独裁者や権力者というだけでは、あれほどの巨大組織は動かせません。

——ただ、続編の『創価学会の実力』を読むと、巨大組織の虚像と実像が分析されていますね。「芸能界は学会員だらけ、スポーツ界も学会員だらけ」という噂が検証されているし、何より学会員の実数。公称827万世帯なら約2000万人で、国民6人に1人になるけれど、実際は500万人に届かない？

**島田**　活動しているのは300万人くらい。

――それから、外務省とか法務省とか警察や防衛省を学会員が占めてしまう話も。

**島田**　〝総体革命〟ですね。実態は違うのに、みんな知らずに、そう思い込んでる。

――創価学会にまつわる数々の都市伝説が覆《くつがえ》されたのは収穫です。もう一つは、宗教集団としての学会が最近行き詰まり、形骸化《けいがいか》が進んでいるという驚愕《きょうがく》の分析ですね。

**島田**　創価学会は戦後の高度成長下で、地方から都市に流入して来た人々、特に労働者層を吸収して急膨張を果たしたんです。ところが、成熟社会になり経済的に豊かな学会員が多くなると、相互扶助的な現世利益だけでは信仰心を維持できなくなった。停滞の背景には社会の変化が横たわっています。

――それと、日蓮正宗総本山大石寺《たいせきじ》への参拝中止と世界青年平和文化祭中止の影響も？

**島田**　そうですね。大石寺への登山中止で聖地をなくし、全員参加の宗教儀式が消えた。

――マスゲームで人気の平和文化祭は89年まで続けたのに、なぜ止めたんでしょう？

**島田**　北朝鮮じゃないんだから（笑）。確かに一体感は持てるけど、人文字の訓練は長期間です。今時の若い子は動員かけてもやりませんよ。これも時代の趨勢《すうせい》でしょうね。

――総本山参拝が消え、マスゲームが消え、最近の若い学会員は学歴志向でお題目も省略し始めたとなると、宗教集団の意味は？

**島田**　だから、選挙なんです（笑）。選挙がほぼ唯一の結束の武器と化してます。

――公明党の方針はよくわかりませんね。「平和と福祉の公明党」だったのに、連立与党を組んで8年、憲法改正や格差是認の自民党内閣にどこまで協力するつもりなのか。

**島田**　私は今、公明党のことを書いているんですが、公明党の本来の基盤は地方議会です。住民の相談に乗ってくれる市町村や県会の議員たち。位置付けもおそらく、地方議会が一番で次に参議院、最後が衆議院でしょう。一時衆議院の公明党が解党して新進党に合流しましたが、ああいうことが起こるということは、地方議員グループと代議士グループの方向性が違うのではないか。そのズレが解決されないまま今も続き、70年の政教分離以降引きずっている創価学会と公明党のズレもますます広がっている。どうも私は、そんな気がするんです。公明党の政策が定まらないのは、エリートと庶民の軋轢《あつれき》を含め巨大組織創価学会の中にさまざまな亀裂が生じ始め、もはや一枚岩が困難になったからでしょうね。

——公明党の行方は、日本の行く末にも影響しますね。

**島田**　いずれにしても、創価学会と公明党、双方とも今は難しい時期だと思いますよ。

## 生死の境をさまよう中で見た幻覚

——現状を確認しておきたいんですが、現在島田さんは東大の研究員？

**島田**　正しくは、東京大学先端科学技術研究センターの特任研究員です。

——特任とは？

**島田**　非正規雇用ってこと（笑）。声をかけられて、05年10月から〈安全、安心な社会を実現するための科学技術人材養成〉という5年間のプロジェクトに関わるようになり、期間があと約1年残ってます。

——久しぶりのアカデミズムの世界。ということは、その後も大学にとどまる、と？

**島田**　いや、それはないと思います。

——もう大学教授はこりごりですか？

**島田**　いえ、私を置いてくれるところがあれば考えますけど、自分から積極的に就職口を探そうとは思わないということです。もう長い間、フリーで執筆活動してきましたしね。

――日本女子大を辞めて12年目ですが、あれからずっと一人暮らしですか？

**島田**　そうです。掃除、洗濯、3度の食事、全部自分一人でやってます。

――浮いた話は、全然なし？

**島田**　え、それはまあ、いろいろ（笑）。

――独身を貫く、と？

**島田**　そんなつもりはないですけどね。私と結婚する人は大変でしょうからね。

――どうしてですか？

**島田**　職業的にハイリスクと言うか、オウムの時もそうでしたけど、宗教を研究する学問自体に危険がつきまといます。「それでもいい」「かまわない」と言ってくれる女性がそう簡単に現れるかどうか……。

――女友達はいても、そこまでの人は？

**島田**　なかなかいませんよ。

――2、3年前に大病をされたとか?

**島田**　03年10月に、甲状腺機能亢進《こうしん》症、いわゆるバセドー病になりました。非常に状態が悪く、入院していた40日間のうち10日間ほど治療のため眠らされた。医者に、「命が危なかった」って言われましたね。

――そんなに重症だった?

**島田**　その10日間は記憶がないんですが、目覚めた時、幻覚を見たんです。麻酔の影響かで8割近い人が見るらしいんですよ。私の場合は、医者や看護師に殺される幻覚、病院が攻撃される幻覚、それから病院を抜け出て原宿かどこかの阿片窟《あへんくつ》に逃げ込む幻覚などで、何日も見続け、不思議に忘れない。宗教学者として勉強になったと言うか、神秘体験とはこんなものか、と思いましたね。

――ドッと疲れたんじゃないんですか?

**島田**　80キロ近くあった体重が、約50キロにまで激減してしまった(笑)。

――03年の10月から11月と言えば、麻原の公判がちょうど結審した頃ですね。

**島田**　そうそう、病院でテレビを見てた時にちょうどそのニュースが流れたんです。「ああ、そうなんだ」と思ったね。で、11月末に退院して、翌年2月27日が麻原の死刑判決の日。すべての新聞社が私に取材に来ました。

――病み上がりなのに（笑）。

**島田**　体重がまだ50キロ台でコートを着るのも重かった（笑）。だけど、何だかね、その日を境に私の人生が明るくなったと言うか（笑）。麻原の判決が一つの大きな区切りになって、社会と自分の関わりがすっかり変わったように思いますね。現にそれ以降仕事も次々に舞い込むようになったし。

――ひょっとすると島田さんのイニシエーションは、学生時代の山岸会体験ではなく、瀕《ひん》死《し》の病床から生還した後で新聞記者たちに取り囲まれながらオウム問題の一段落を実感した、その時だったのでは？

**島田**　そうね、そうかもしれません。病院に妹や娘が看病に来てくれて、家族の絆《きずな》の大切さを噛《か》みしめていた時でもあったしね。

## 「中沢新一は疑問に答えるべきです」

――さて、最新刊の『中沢新一批判、あるいは宗教的テロリズムについて』ですが、現在宗教学者、文化人類学者として活躍中の中沢さんは、島田さんの先輩?

**島田**　彼は3歳年長です。同じ東大文学部宗教学研究室の先輩・後輩の間柄、恩師も同じく柳川啓一教授です。

――お二人は、特に親しかった?

**島田**　私はそう思ってます。一緒に酒を飲んだり、中国旅行に一緒に行ったり、彼がネパールに修行に行った時、手紙のやり取りをしてたのはたぶん私だけだったと思う。第4信の後、プッツリ手紙が来なくなったけど。

――どうしてですか?

**島田**　謎です。でも、帰国してからも彼とはゼミで話をしたし、私とまた一緒に山梨県へ山村の調査で2回出かけました。

――その頃までは仲間だった、と。最後に会ったのはいつなんですか?

**島田**　彼が有名人になってからは会ってません。最後はたぶん、93年のNHKの廊下です。私が例の「ナイトジャーナル」に出演していた頃で、バッタリ会ったんですが、「中沢です」って他人行儀な挨拶《あいさつ》をされて、「あれ?」って変な気持ちでした。

――その後はもっぱらオウム絡み?

**島田**　そうですね。信者らが彼の『虹の階梯』を愛読してたから。彼も事件後叩かれたことは叩かれたけれど、「何だかおかしな発言をしているな」とずっと思ってました。

――本によれば、「中沢は、サリン事件には、世間で言われているのとは別の意味がある」と何度も言った、と。「大きな計画の一部であった可能性」を示唆してきた、と。

**島田**　ええ、それから元信者の高橋英利氏に、「サリン事件の犠牲者が1万人、2万人だったら別の意味があった」とも語っています。

そうした一連の発言が、おかしい?

**島田**　そんなこと言う人は他にいないです。だって、オウム事件を犯罪とか無差別テロとかの枠の外に置いている発言ですからね。

――むしろ積極的評価に聞こえます。

**島田** そうなんです。それでいて「別の意味」とは何か、「大きな計画」とは何のことか、決して明らかにしようとしない。

――島田さんは96年にも『宝島30』誌に、「私の『中沢新一論』」を発表していますね？

**島田** ええ、当時から私は「ひょっとしてサリン事件を肯定しているのか？」と疑問だったので、彼に問い質《ただ》したかったんです。

――返答や反論は？

**島田** ないです。電話もない。対談の企画もあったけど、彼に断られた。

――中沢さんの方が蹴《け》った。であれば、どうして再び、公開質問状のような本を？

**島田** あれから10年以上たって、学者としての中沢新一、思想家としての中沢新一が再度脚光を浴びているからです。タレント太田光との憲法9条を論じた本がベストセラーになり、小林秀雄賞や桑原武夫学芸賞を相次いで受賞し、新たに教授となった多摩美大では彼のために芸術人類学研究所が新設された。つまり、社会的影響力は格段に増したのに、オウムとの不透明な関係は昔のまま。自著の『虹の階梯』も相変わらず信者たちに読まれている。ここはやはり、一人の宗教学者の責任において、疑問に答えるべきだと思います。

――『虹の階梯』という本は、どういう性格の本と考えたらいいんでしょう？

**島田**　チベット密教の瞑想《めいそう》修行の本である『虹の階梯』は、瞑想修行で得られる神秘体験のイメージを鮮明に描いてあるため、オウムでは麻原から一般信者まで読んでました。けれど、導師ラマ（グル）への絶対的帰依《きえ》を説き、弟子に対する不条理な試練をマハームドラーの修行としたことから、信者たちの麻原盲従を招き、違法行為への積極的参加を促した思想的拠《よ》りどころと考えられます。〝ポア〟という言葉も、この本から登場します。

――今なお危険性はあるんですか？

**島田**　ありますね。最近、オウムから名前を変えたアーレフが上佑《じょうゆう》派と反上佑派に分裂しましたが、麻原回帰派の反上佑派はもちろん、脱麻原のはずの上佑派でも、自前のテキストが作れなければ『虹の階梯』に戻って来ます。中沢氏は事件後も何ら改稿を施してないから、危険なグルイズムや〝ポア〟もそのまま。すなわち、麻原がいなくなっても、『虹の階梯』の思想がこれからも〝隠れた教祖〟の役割を演じ続けるわけです。

――うーん、そうなりますか。しかし、今回の本は大きな反響を呼ぶでしょうね。

**島田**　呼んでほしいですね。

――もしも法的な措置を取られたら、島田さんの方は当然受けて立つ？

**島田**　当然ね。

――対談の要求があれば応じる？

**島田**　応じますけど、彼は対談も裁判もしないいんじゃないかな。

――なぜですか？

**島田**　これまでの感じから、何となくね。そう思うんですよ。

――それでもあえて本にしたかった？

**島田**　村井が中心になって、ロシア経由の技術でサリンプラントを作ったとしても、なぜ彼らは無差別大量殺人に向かったのか？　そこにね、空白の思想的背景に中沢氏の考えをはめ込むと、全体の流れがわかる気がするんです。今回の4冊目のオウムの本で、地下鉄サリン事件を含むオウム事件の意味、彼の言う「本当の意味」に、私なりにやっと近付けたんじゃないかと思うんですよ。

しまだ　ひろみ　１９５３年、東京都生まれ。東京大学人文科学研究科博士課程修了。元・日本女子大学教授。宗教学者として精力的な執筆活動を続ける。著書に『創価学会の実力』（朝日新聞社）、『日本人の神はどこにいるか』（ちくま新書）、『中沢新一批判、あるいは宗教的テロリズムについて』（亜紀書房）、『ハリー・ポッター　現代の聖書』（朝日新聞出版）など多数。

## ⑥田中森一（元・検事、元・弁護士）

冤罪《えんざい》を生みがちなのは、「最初に筋書きありき」の国策捜査。国策捜査そのものは国家体制の維持に欠かせないけど、問題は「最初の筋書き」が間違っていた場合。捜査のきっかけは、そりゃ、世論の力は大きいです。

このＰＬＡＹＢＯＹインタビューの前日の08年2月13日午後、田中森一さんは、石橋産業事件の上告が最高裁第一小法廷で棄却されたことを、弁護士を通じて知らされた。

上告棄却ということは、拘置所への収監が決定ということである。夕方のテレビはいっせいにそのニュースを伝えた。

田中さんの自宅や事務所にはたちまち報道陣が殺到した。都内の某ホテルに緊急避難した田中さんは、仕事の調整などの事務連絡に追われた。その時に打合せで会った一人が、ＰＢインタビューの担当編集者である。

編集者は、インタビューのキャンセルを半ば覚悟した。というのも、現状を説明する田中さんの表情も口調も、かなり興奮し動揺が見て取れたからである。しかし、田中さんは言ったのだ。「約束は守る。少し遅れるかもしれんが明日は必ずやろう」と。

そして翌日、つまり当インタビューの日である。ホテルの会議室に姿を現した田中さんの表情には落ち着きがあった。動作は機敏だが、焦りとは違うように思えた。編集者が近寄り、「一晩たって、だいぶ安定したようですね」と私に耳打ちした。

07年6月に、『反転　闇社会の守護神と呼ばれて』で言論界にデビューした田中さんは、一躍07年の〝時の人〟になった。

田中さんは、検事を辞めた検察ＯＢの弁護士、いわゆるヤメ検だが、その振幅の大きさが半端ではない。東京地検特捜部にいた頃は、撚糸工連汚職事件や平和相互銀行不正融資事件、三菱重工転換社債事件、福岡県苅田《かんだ》町長公金横領事件などを手がけ、「エース検事」と呼ばれた。しかし、検事を退官して弁護士となるや、一転闇社会の代理人となり、五代目山口組の若頭宅見勝、光進代表の小谷光浩、イトマン常務の伊藤寿永光《すえみつ》、誠備グループの加藤暠《あきら》といった人々の弁護を引き受け、バブル時代を謳歌したのである。

そしてついに、２０００年3月、石油卸商社の石橋産業に対する手形詐欺事件で「闇の帝王」許永中《きょえいちゅう》の共犯として逮捕されたのだ（一審で懲役4年、二審で3年のそれぞれ実刑判決）。

現代社会の諸矛盾の最先端を体現しているような、まさにジェットコースター的人生である。

このインタビューの後、田中さんは3月31日、東京高検により東京拘置所に収監された。

**（インタビュー　２００8年2月14日）**

――昨日（2008年2月13日）の夕方、テレビのニュースで石橋産業事件の上告棄却が報じられました。田中さんが、石油卸商社石橋産業をめぐる巨額の手形詐欺事件で許永中被告の共犯とされ、一、二審で実刑判決を受けながら最高裁に上告していた一件ですが、田中さんはいつ、どのようにして知らせを受けました？

**田中**　テレビの第一報があった頃、僕は5時から講演があって、ホテルニューオータニにいたのよ。東京経済人クラブの講演ね。

――じゃあ、控え室で？

**田中**　いや、僕が知ったのはその前。午後4時頃に、僕の弁護人の木下貴司弁護士から電話があって、「さきほど最高裁判所から通知がありましたよ」と。

――上告棄却ということは、二審の東京高裁判決の懲役3年が確定ですね？

**田中**　そう。自分ではもちろん、無罪と思うけどね。実際の刑期は未決分が算入されるから、2年か2年半か、そこらでしょ。

――知らせを受けた最初の思いは？

**田中**　いや、いつ来るかだけの話だったからさ。要は事実認定についての上告だもの。最

写真・タカオカ邦彦

高裁としちゃ、当然棄却しますよ。そんなことは僕も弁護士だから、むろん予想してた。だから慌てるとかね、そんなことはない。

――しかし2月中旬のこの時期というのは、予想よりも早かったのでは？

**田中**　うん、僕は高裁判決のあと2年半ぐらいかかるんじゃないかと思ったからね。それなら2006年1月31日プラス約2年半で、今年の夏ぐらいかな、と。

――その意味では少し早かった？

**田中**　そうそう、それだけね。

――講演では触れなかったんですか？

**田中**　講演でそんなみっともない話できないしさ、付いて来てたスタッフ二人にも知らせなかった。だから、誰も気付かなかったのよ、スタッフでさえね。それで、講演のあと食事会があって、午後8時半に会場を出たら記者連中が待ち構えてた（笑）。

――そこでコメントを出された？

**田中**　いや、出してない。とにかく写真撮られてテレビで当日の顔を晒《さら》されるのが嫌だから、ここ（都内某所のホテル）へ逃げ込んだのよ。だって、事務所前も自宅前もテレビカメラだらけだったんだからね、その頃には。

――ここは前から確保していたホテル？

**田中**　まさか（笑）。昨日この近くまで車で来て、「あ、ここならしばらく身を隠せそう」って思ったのよ。たまたま、だな。

――今後の行動はどうなります？　テレビでは、３日間は異議申し立てができて収監されない、とか言ってましたが？

**田中**　いや、違う違う。まず僕が通知を受け取るわけよ。今日あたり裁判所から特別送達が来てるんじゃない？　それを受け取って２週間で刑が確定する。裁判所はそこまで、次は検察庁。事務手続きがあって、検察庁が確定判決の通知を受け取るのがさらに１週間後。それを見て検察庁が、いついつ出頭して下さいと、出頭要請をするわけよ。３、４日ですぐに収監ってことじゃないの。あれやこれやで普通２カ月はかかるもんよ。

――そんなにかかるんですか？

**田中**　だから、すでに入ってる予定もあるでしょ？　対談とか講演とかさ。調整できないものは出頭を延ばしてもらって消化するしかない。３月、４月の予定もあるからね。これから執行の延期を検察庁にお願いしないと。

――そうすると、出頭して収監されるのはご自分ではいつ頃あたりだと？

**田中** そうね、4月中だわね。

――まだ2カ月近くあるということですね。今回の決定は身内の人々、ご家族にはもう知らせたんですか？

**田中** わざわざ知らせんでもテレビや新聞で知っとるでしょ（笑）。しかし、まあ、驚くよね。判決ならわからんでもないけど、最高裁の上告棄却でここまで大々的にニュースにする？　新聞の一面に載せたとこもあるのよ。まるで僕が主で許永中《きょえいちゅう》が従みたい（笑）。これもやっぱり、本のおかげかねぇ。

――そのご著書、『反転　闇《やみ》社会の守護神と呼ばれて』の現在の部数は？

**田中** 28万部かな。

――今回のニュースでまた売れる？

**田中** 売れるんじゃない？（笑）

## 佐藤優氏との対談本『正義の正体』が明かす国策捜査の全貌

――田中さんのユニークさは、現代社会の奥の院を表と裏、両面にわたって知りつくしていらっしゃることです。17年に及ぶ検察官時代は、うち8年間を〝最強の捜査機関〟である地検特捜部に籍を置き、撚糸《ねんし》工連事件などを手がけて「エース検事」と呼ばれた。ところが87年に辞職、翌年弁護士になるや一転、山口組若頭の宅見勝、仕手筋として名を馳せた光進の小谷光浩や誠備グループの加藤暠らの代理人となり、「闇社会の守護神」に変身した。こちらは12年間。表と裏、白と黒、正反対の半生です。

**田中**　そこは僕、いつも言うけど矛盾は感じてないのよ。事実という山の頂上に向かって、被疑者の悪い面ばかり見ながら登って行くのが検事、逆に被疑者のよい面ばかり探して登って行くのが弁護士。事実を明らかにしようとする姿勢の違いがあるだけで、法律家としてはどっちも同じなんです。ただ、元特捜のヤメ検弁護士となると、どうしても刑事事件の被疑者が多く寄って来るわね。

――田中さんは「検事は天職」とおっしゃってますが、この3月に佐藤優さんと共著で出版される『正義の正体』(集英社インターナショナル)を拝見すると、改めて検察の調書は怖いと思いますね。特捜案件の場合、被疑者の供述のみで調書が作られ、書き方次第でどんな調書でもできてしまう?

**田中**　それは特捜の事件に限らないけど、贈収賄とか脱税、背任なんていう罪は金の流れであって、物証は残らないじゃない? 怪しいと思っても、それが貸した金なのか、借金を返した金か、謝礼の金か、金に色はついてないわけだからね。意味付けするのはすべて言葉よ。特捜案件はほとんど言葉で行為を意味付けする事件だから、供述が一番有力な証拠になってくるの。

――でも、物証なしで供述頼みの調書となると、冤罪《えんざい》を生みやすいですよね?

**田中**　うん。だけど、正しい供述であればさほど問題にはならんね。冤罪を生みがちなのは、佐藤優さんも指摘していた「最初に筋書きありき」の国策捜査の方だよ。

――その時の権力の中枢を守るための捜査が国策捜査、でしたね?

**田中**　そう。国策捜査そのものは国家体制の維持に欠かせないけど、問題は「最初の筋書き」が間違っていた場合よ。実際の供述とは違う調書だから、裁判になってから被告側がどうしても無罪を訴えることになる。佐藤さんの事件にしても、ライブドアの堀江貴文さんの事件にしても、そういうことでしょ？

──「最初の筋書き」を作るのは特捜部長などですが、国策捜査のきっかけは国民世論だと『正義の正体』では述べてますね。

**田中**　そりゃ世論の力は大きいですよ。今度の防衛省の守屋さんの事件だって、世論があそこまで盛り上がらなかったら、検察庁は事件にしなかったと思うよ。

──守屋武昌前次官の逮捕自体がなかった？

**田中**　検察が内偵していたにせよ、ゴルフ接待とあの程度の金額じゃ少なすぎるもの。

──確か、守屋被告の収賄額は全部合わせて1250万円ほどでした。

**田中**　少ないでしょ？　宮崎から頼まれたのがGE（ゼネラル・エレクトリック社）の代理店になるようなことなら、国防の根幹に関わる、おそらく1000億円からの仕事ですよ。見返りだって5000万円ぐらいは常識でしょ？

──新聞によると、守屋被告関連の捜査はこれで終結で、東京地検は今後、政界ルートを洗って防衛利権解明を目指すそうです。

**田中**　いやぁ、それは僕は信じがたいな。だって、ほんとうに政界ルートをやる気なら、なんで宮崎元伸を保釈したの？　仮に山田洋行が贈賄側ならば、すべてを知ってるのは宮崎だよ。外に出して、自殺でもされたらどうするの？　第1回の公判もまだすんでない段階なんだよ。

――守屋・宮崎両被告を保釈したということは、最初から地検は腰が引けてる？

**田中**　そう。守屋さんは事務次官の時代に「防衛庁の天皇」と呼ばれた人でしょ。もしも徹底的に捜査したら、日本の防衛体制自体が根元から崩壊してしまう。そういう可能性があったんじゃないの？　アメリカとのややこしい問題も出て来て、逆ロッキード事件みたいな展開になりかねない、とかさ。

――これで実質的に一件落着ということは、田中さんの言う「不作為の国策捜査」、意図的に捜査を断念する国策捜査が、今回もまた行われようとしている？

**田中**　僕はそう思うね。防衛省汚職事件のポイントは、宮崎が山田洋行を飛び出して作った会社を、なぜGEが指名したかってことだけど、その部分は結局事件として解明されないままになるんじゃないかな。

――田中さんが検事を辞める大きな原因の一つだった不当な「不作為の国策捜査」は、今もなお連綿と続いているわけですね？

**田中**　そうそう、検察の構造としてね。

## 二審判決後に妻と離婚。『反転』を読んだ息子の反応

――ちょっとご家族のことを。まず、岡山大学の学生時代、合ハイ（合同ハイキング）で知り合って、司法試験の勉強の間同棲《どうせい》しながら働いて食べさせてくれた「糟糠《そうこう》の妻」の、お名前は？

**田中**　貴代枝ね。今は離婚しとるけど。

――田中さんが４年生の時に短大生だったんですか？

**田中**　僕より３つ下。１９６８年の10月に結婚したのよ。

――けれど、田中さんが検事を辞めて弁護士になる時に猛反対なさって、「これ以上ついて行けません」と別居した？

**田中**　それが88年の春頃だったかな。

――すると、奥さんや3人のお子さんたちは大阪市内の別の場所に家が？

**田中**　茨木市ね。検事時代に買ったマンションがあってそこに住んでた。

――そこへ時々顔を見に帰った？

**田中**　いや、弁護士になってからは、もうほとんど会いに行かなかったね。僕が父親らしいことをしたのは、松山地検とか高知地検とか地方におった時よ。その頃は、子どもの教育やらも熱心にやったわね。

――ほう、昔はマイホーム・パパ？

**田中**　そう、かなり子煩悩だった。地方の検察庁時代は仕事も暇だったし、子どもを塾に行かせず、勉強はみんな僕が教えてた。大阪の特捜部に移ってからよ、忙しくて家庭も何もほったらかしになったんは。

――別居中は妻子に仕送りは？

**田中**　もちろんずっとしてたよ。別に、喧嘩《けんか》して別れしとったわけじゃないから。

――奥さんが検事としての田中さんに固執しただけ、と。では、2006年の二審判決のあと、なぜ離婚に踏み切ったんですか？

**田中**　それは、僕が刑務所へ行くのが確実になったから、籍を抜かせたのよ。

——受刑者の妻になるとかわいそう？

**田中**　違う違う。僕が入ってて、もし嫁さんが面会に来んかったらおかしいでしょ？　でも嫁さんは来る気がないし、こっちも話すことはない。面会時間は制限されとる。だったら、他に手続きや仕事で重要なことがいっぱいあるわけだから、面会をそのために使えばいい。それで、籍を抜くように頼んだのよ。

——お互いクールに対処したわけですね。じゃあ、離婚後にも仕送りを？

**田中**　しとるよ、ずっと。せにゃいかんじゃない？　言えば、今回のことは僕が勝手をやってきた結果みたいなもんだからね。子どもたちはみんな成人して、もう独立しとるから、養育費ウンヌンということじゃないけどね。

——長女、長男、次女でしたね？

**田中**　そう、38、36、32かな。一番下以外は所帯持っとるよ、今はね。

——『反転　闇社会の守護神と呼ばれて』が出版された時、奥さんの読後の感想はどうだったんですか？

**田中**　格別の感想はなかったけど、「あれだけ実名を出して、誰かに狙《ねら》われることないの？　気をつけてよ」とは言ってたね。娘たちも同じように心配しとった。

――実際につけ狙われるとか、激しい抗議とかは、ありました？

**田中**　ないない、どこも。

――ヤクザ方面の反発は？

**田中**　そっちはむしろ評判がよかったのよ。僕がほら、宅見さんのことかなり誉《ほ》めて書いてるじゃない？　そうすると彼ら一人一人、自分が宅見親分になったような気がするらしい（笑）。誰も文句言って来んね。

――古巣の検事さんたちの反応は？　佐藤優さんは著書の『国家の罠《わな》』が出て、外務省職員の6割は反発しても4割は自分を理解してくれるはず、と言ってましたが。

**田中**　それは僕も、8割や9割はわかってくれてると思うよ。検事時代の僕の仕事や姿勢についてはね。弁護士時代の田中森一の評価は期待できんけど（笑）。

――田中さんの本への反応で興味深かったのは、やはり長男のSさんのものですね。『AERA』（2月18日号）の記事にありますが、田中さんとの高校時代の親子の葛藤《かっとう》を思い出し、「親父の跡を継いでやらなくて悪かったな」と述懐しています。

**田中**　息子は、早稲田の法学部に受かったのに、僕への反発から入学式当日に外国へ行ってしまったのよ。スペイン、アメリカとか、何年もね。休学扱いにして、帰国後法学部を卒業したけれど、結局法曹界には進まなかった。

——現在は私立大学で講師をされているようですが、高校時代の息子さんが一番反発したのは、田中さんの何ですか？

**田中**　それはやっぱり、別居したこととか、家に帰らなくなったことじゃない？「家庭を壊してまで、弁護士になって金儲《もう》けをしたいのか！」ってことでしょう。

——理由を説明しなかった？

**田中**　当時は反発自体を知らんもの。

——でも、一度ぶつかったんですね？

**田中**　ああ、弁護士になって間なしに、帰宅したら息子が「生き方が間違ってる！」って食ってかかったことがあったね。

——何て答えたんです？

**田中**　「うるさい、黙っとれ！」（笑）

――息子さんのコメントを読むと、父親の本を読んで、そういう積年の疑問やわだかまりが溶解したんだと思います。

**田中**　そうかもしれんね。別居の理由や弁護士になった理由、初めて書いたから。

## 金は親を苦しめる汚いもの。奨学財団計画の原点

――田中さんは1943年、長崎県平戸島の漁村に生まれ、家は大変貧しかった。父上は漁師で小作農。7人姉弟《きょうだい》で、一家11人が3部屋暮らしだった。米を食べるのは盆と正月のみ。高校を出るまで家にテレビがなかった。

**田中**　そうだけど、ウチだけ貧しいわけじゃなく、周囲もみんな貧乏だったのよ。それに僕自身は、養子が二代続いた家系に生まれた待望の長男坊だったから、比較的大切にされ、他の姉弟よりも可愛がられた。貧乏自体を苦しいと思ったことはなかったな。

――でも漁師にはなりたくなかったそうですね。

**田中**　そうそう。アカ（船底の水）の臭いに弱くて、すぐ船酔いするから。

――父上は漁師を望んでいたのに？

**田中**　船酔いしても親父と沖に出て魚を釣らにゃならんのよ。小さな櫓船《ろせん》だわね。胃の中のもの全部吐いてゲエゲエやってると、親父に海へ放り込まれるの。怖いよ。波もあってサメも泳いどる沖合だからね。必死に泳いで船に辿《たど》り着くと、また親父が柄杓《ひしゃく》でバチンと突く。たまらんよ（笑）。

――生い立ちの中で印象的なのは、父上が頑固者で、農地改革のあとでも小作料を払い続けた話ですね。年間わずか米15俵の収穫なのに、その半分を地主の家に運んだ。

**田中**　頑固だってこともあったけど、親父が養子で、土地の人じゃないから、世間に対する変な遠慮もあったんじゃない？　子どもの僕らは納得できんかったけどね。

――当然、家に現金収入はない。借金取りが来ると、両親はひたすら頭を下げる。『バブル』というインタビュー集で田中さんに言ってますね、自分には「人に頭を下げたくない」「バカにされたくない」と。子ども時代のこのつらい体験があったから金よりも権力に興味があり、「金銭欲より権力欲」と思った。

**田中**　金が嫌いって言うか、汚いもんだって考えが染みついたわけよ。金は親を苦しめ痛めつける汚いものだと。だから司法試験に受かったあとも、金を儲けるために弁護士になる、なんて選択肢は僕の頭になかったな。

――金の儲かる弁護士より、国家権力を行使できる検事や裁判官に憧《あこが》れた？

**田中**　そうそう、それはあった。

――検事時代の田中さんは被疑者を縮み上がらせる鬼検事でしたが、国家を背景にした権力を持つって、そんなにいいですか？

**田中**　そりゃ気持ちいいよ（笑）。特に官尊民卑の地方ではね。田舎へ行けば行くほど、もう神様みたいなもの（笑）。あらゆる公式の場で最上座に座らされるし、下にも置かぬもてなし。警察署に行くと、親父ぐらいの年齢の署長が出てきてペコペコ挨拶《あいさつ》するんだから、こっちは若造なのにね。一度味わうと、病みつきになるんじゃない？

――田中さんの生い立ちにはもう一つ、後年の姿を彷彿《ほうふつ》させる逸話がありますね。岡山大学時代、学生運動の勃興《ぼっこう》期に、空手部員として一方で大学の護衛役を務めてデモ学生を制圧・排除しながら、もう一方で女子学生目当てにデモ隊に潜り込み、一緒にスクラムを組んだりした（笑）。

**田中**　当時は思想に全然関心なくてね。

――しかし、昼間殴りつけたデモ学生のバリケードに、夜忍び込んで女子学生とイチャつく、その節操のなさというのは？

**田中**　若い時は女に触りたいじゃない（笑）。それだけよ。法学部なんて女子学生いないでしょ？　ところがバリケードの中は男女混合で雑魚寝《ざこね》、楽しそうなのよ。

――後年の、「エース検事」から「闇社会の守護神」への人を驚かせる転身も、田中さんの軌跡からすれば、単に自分の思いに正直なだけ、なのかもしれませんね？

**田中**　学生時代のこととそれが重なるのか、自分ではよくわからんけどね。

――で、88年に弁護士を開業してヤクザやバブル紳士たちの顧問弁護士になると、お車代1回何百万円が珍しくないような、金まみれの日々が始まる？

**田中**　そういう特別バブリーな時代は最初の4、5年だけだけどね。

――バブル崩壊後は収入激減、ですか？

**田中**　激減と言っても、顧問料の収入だけで年間2億円ぐらいはあったわね。バブルの頃は、それにプラスして領収書のいらん収入がさまざまにあったわけ。だってあの頃は、そこらでちょっと一晩飲んでる間にも、買ってた土地が1億や2億は平気で値上がりしよったからね。

——一時は40億円儲けたとか？

**田中**　それは株でね。40億はなかったけど、30数億円かな。仕事で付き合ってた仕手の連中からいい情報が入って来て、それで儲かったのよ。

——だけど、バブルで弾けた？

**田中**　うん。最終的に株では損しとるね、僕は。

——検事や弁護士になり、いろいろ波はあっても社会的・経済的成功を収めた、と。それで成功してから、お姉さんや妹さんにはどんな恩返しをしたんですか？　苦学生時代、毎月5000円、10000円と仕送りしてくれたんですよね？

**田中**　恩返しって、姉弟だから別に。でも、僕の奨学財団計画はそこが原点だったの。

——ああ、そうなんですか。

**田中**　すごく助かったもの。とにかくウチは姉弟が仲よくて、恩返しって言うんじゃないけど、金銭的な面は僕が面倒を見るようにしとるのよ。両親の介護は姉や妹がやって、その費用を僕が持つって形で。

――介護は長期間？

**田中**　うん。親父が69年に倒れて約17年間、母は87年に倒れて約20年間、二人ともほとんど寝たきりだったけど、病院や施設には入れず、子どもたちで最期まで面倒を見た。それが両親の希望でもあったからね。その経済的負担は、長崎から介護に駆けつける費用やらを含め、ほとんど僕が受け持った。

――長男としての責務を果たした？

**田中**　当然のことだからね。とにかくウチの姉弟は、僕を中心にまとまっとるのよ。

## 女遊びは新地、銀座ではしない。許永中の企画力のすごさ

――弁護士時代に「女性にもてた」って証言がいくつかありますね。

**田中**　もてるわけないじゃない！　この顔と体で女にもてたら苦労せんわ（笑）。

――身長と体重は？

**田中**　1メートル57センチ、65キロ。検事時代は58キロで弁護士になって太ったの。

――人気があったのは水商売の世界で？

**田中**　銀座で現金払いを続けてりゃ、そりゃ人気が出るでしょ。お店の子と浮気をしてもバレて困るのは弁護士の方、女の子は気楽だもの。でもそれは弁護士という職業が幅を利かせてるだけでね。僕個人がもててるわけじゃない。それに僕は、新地でも銀座でも女遊びはせんかった。

――じゃあ、どこで？

**田中**　当時は芸能プロの顧問をしてたじゃない？　そこの所属のタレントや女優の卵たちね。社長が、地方から出て来て妙な男に引っかかると心配だからって、「先生、面倒見て下さいよ」って頼むわけ。

――何人か囲ったことも？

**田中**　いや、特定のナニはなかったね。本拠地が大阪で週1〜2回しか上京できんからそんなに遊べないのよ。摘まみ食い程度。

――『反転　闇社会の守護神と呼ばれて』が出て、「その節はお世話になりました」なんていう当時の女性からの連絡はなかったんですか？

**田中**　実は、あったのよ。

――あった？　一人？

**田中**　うん、「本が売れてよかったですね」って。僕は本にはそっちのこと詳しく書いてないじゃない？　だから、「私が書こうかなぁ」って。冗談半分だけどね。

――冷や汗ものですね？

**田中**　まったく（笑）。

――ところで、『反転　闇社会の守護神と呼ばれて』の中で、田中さんが山口組の宅見勝若頭と並んで高く評価している人物が「裏社会のフィクサー」と称される許永中さんです。ここでは許永中被告と呼びますが、日本最大のヤクザ組織を束ねた実力者の宅見若頭はともかく、許被告の場合、優秀な詐欺師ではあっても、大きなプロジェクトの成功例は一つもありません。なのにどうして、最高の評価なんですか？

**田中**　だから、そこは評価が分かれるんです。彼を希代の詐欺師と見るのか、それとも素晴らしいプロデューサーと見るのか。

――田中さんは、もちろん後者？

**田中**　当然ね。でも、おっしゃるとおり、彼のプロジェクトの完全な成功例はほとんどない。そうすると、資金提供した多くの人々にとって、それぞれが詐欺になる。金が返って来ないわけだから。だけど、僕は金を出す立場にないし、被害者意識も生じない。そこから彼のプロデュースぶりを眺め、法律の相談に乗ったりしていると、その企画力のすごさと言ったら半端じゃないわけ。想像の範囲を超えた発想とスケール、実行力で、「こいつにはとても敵《かな》わん！」と思わざるを得んのよ。

――そうかもしれませんが、せめて大阪国技館一つでも建設できていれば。その手前のアメリカンクラブ止まりじゃ……。

**田中**　いやいや、大阪国技館の話にしてもね、僕なんか最初の段階から見てるわけだから知ってるんですよ。まず、熊本の吉田司家《つかさけ》という大相撲の家元の破産があるわけ。室町時代の行司の品々や雷電為右衛門《らいでんためえもん》の化粧まわしなんかが残ってて、横綱が誕生すると代々奉納相撲にやって来るという名家なのよ。その破産した名家の再興話に許永中が絡むの。とりあえず、奉納相撲の権利を買い取ってもらうために京都の阿含宗《あごんしゅう》の桐山靖雄さんに頼み込む。一方で出雲大社を訪ね、吉田司家と出雲大社の合体を画策する。なぜ出雲大社かと言うと、永中は「もともとあそこは朝鮮半島から来た神様で……」と得々と説明するわけよ。そんな発想、普通は出て来ないよね。

——現実に方々から金も引き出した？

**田中**　そうそう。永中自身は金がないから、全部他人の金（笑）。要は、大阪オリンピック開催のあかつきに、相撲をオリンピック競技にして、大阪に国技館を建てようということなんだよね。そのため、オリンピック誘致の社交場として大阪帝国ホテルのタワー棟に大阪アメリカンクラブを作ったし、大相撲人気を高めるため、曙や貴乃花を連れて硫黄島で慰霊のイベントもやった。単なる金儲けじゃなくて、全体が壮大なストーリーなのよ。

——でも出資者は一部の計画しか知らず金を出してるから、やはり詐欺？（笑）

**田中**　結果的に否定はできない（笑）。

——田中さんは最近、現在の景気をよくするため、「バブル期に活躍したような闇紳士も必要」と発言してますよね？

**田中**　そう思うね。企業活動は金儲けで、きれいごとじゃすまないもの。ビル一棟建てるにしても、大企業の社員にそのための地上げができる？　バブル期にはそういう分野に能力ある連中が次々と現れた。金も勢いよく循環した。彼らが活躍したことによって世の中が活性化したのは確かよ。

――しかし彼らはみな潰《つぶ》されました。

**田中** 出る杭《くい》は打たれる社会だからね、日本は。

**刑務所では歴史の本を読む。出所後は田中森一塾に専念**

――『正義の正体』の最後で田中さんは言ってますね、「逮捕されてよかった」と。弁護士の資格を喪失し、刑務所に入ることになるけど、出所後の人生を苦学生のための奨学財団作りという昔からの「夢」に捧げられる、と。

**田中** そう。さきほど言ったように、原点は自分が昔、姉や妹から受けた仕送りなのよ。今も、経済的理由のために夢をあきらめる若者は大勢いる。彼らをぜひ助けたいわけね。

――その奨学財団田中森一塾の前段としてネット上に田中森一塾を立ち上げた？

**田中** そうそう。今は顧問の弁護士が4人、スタッフが3人という態勢でやってる。

――田中さんが塀の中に入っても公式サイトは残り、プロジェクトは進む？

田中　もちろん。そういう連絡事項がいろいろとあるから、これも言ったとおり、貴重な面会時間をそのために使いたいわけ。

――最終的な財団は、50億円の資金を集め、その年間利子を運用に回し、100人くらいの奨学生の返済不要の奨学金と事務経費に充てる、というものですね？

田中　そうだけど、50億集まるまで待つんじゃなくて、3億や5億の段階で先に財団を設立したいんだよね。財団になれば、税法上の優遇措置もきちんと受けられるようになるから、大口の寄付も増えるじゃない？

――佐藤優さんは、ヤクザや闇社会の人々からも寄付を募るべし、と言ってますが。

田中　いや、まぁ、それはね、僕も考えてますよ。彼らの金だって社会の役に立つ方がいいもの。出所したら、考えますよ。

――現在は1口年間1万円という形で塾生を募集していますね？　広く浅くの資金集めですが、これなら裏のない方法で、掛け値なしに世のため人のためになると？

田中　バブル時代、自分一人で30数億集めたのに、博打《ばくち》みたいになくしてしまったじゃない？　あれがすごく反省材料になってるの。今の時代は昔と違うから、大勢の人の力を借りて、慎重な上にも慎重にやろう、と。1口1万円であれば、そのうち3000円から5000円は、法律相談に乗ったり雑誌を発行したりして塾生に直接返ることになるよね？　そうすると財団設立の資金として残るのは5000円。それなら裏も表もないというか、自分の夢のための資金集めというと当然世間も「大丈夫だろうか？」と思うわけだから、その点はクリアできるんじゃないかと。

——塾生の現在数は？

**田中**　今300人ちょっと。去年12月の開始だからよく集まってる方よ。

——最終目標は何人ですか？

**田中**　10万人。

——えっ、10万ですか？

**田中**　夢はでっかく（笑）。時間はかかるよ。時間はかかるけど、こういう結びつきの10万人は別の力になるのよ。それを目指そうと思ってる。

——今度は刑務所で何の本を読みますか？　前回の拘置所では中村天風氏の自己啓発本をよく読まれたようですが？

**田中**　天風さんの本はまた持って入りますよ。他に読みたいのは歴史の本だけ。拘置所でも読んだけど改めて読み直したいね。

――どの時代ですか？

**田中**　やっぱり戦国時代のものと幕末・明治のものだな。今と同じく先のわからない時代が舞台だし、日本人の本性と言うか人間の本性が一番出てるでしょ？　司馬遼太郎、山岡荘八、吉川英治とか、そのあたりをずーっと読みたい。

――そして出所後は田中森一塾に専念？

**田中**　そうそう。財団作りを進めながら、北海道から沖縄まで全国を回り、講演したり、塾生に会って話し合ったりしたいね。

たなか　もりかず　１９４３年、長崎県生まれ。岡山大学法文学部在学中に司法試験に合格。大阪地検などを経て東京地検特捜部で撚糸工連汚職事件、三菱重工転換社債事件などを担当。

88年、弁護士開業。2000年、石橋産業事件をめぐる詐欺容疑で逮捕、起訴される。2008年2月12日付で最高裁は上告を棄却、懲役3年の実刑判決が確定した。著書に『反転　闇社会の守護神と呼ばれて』(幻冬舎)、『どん底の流儀』(筆坂秀世と共著　情報センター出版局)、『正義の正体』(集英社インターナショナル)など多数。

## ⑦溝口　敦（ノンフィクション作家）

暴力団対策法の改正だけではダメで、日本も諸外国並みに暴力団禁止法を持つべきなんです。欧米や韓国、台湾、中国などは、組織犯罪集団を作ったりすること自体が犯罪だと、法律で定めていますよ。

自分だったらどうするだろう？

仮にヤクザの内情に関する取材をやって、その記事内容が取材したヤクザを怒らせ、ある日突然、待ち伏せして刺されたら？

考えるまでもない。私がヤクザを取材することは二度とないだろう。記事内容に誤りがなく、自分は正しいと思っても、少なくともヤクザを取材対象とすることは、あり得ない。

私にはそれほどの根性はない（相手が国家権力の場合は別、と思いたいが）。

ところが、先輩同業者の溝口敦さんは、自分が刺されて重傷を負い、担当編集部の編集者が襲われて怪我をし、ついには自分の息子も凶刃を受けて病院に運び込まれる事態に至ったのに、まったく動じることなく、ヤクザ取材の原稿を書き続けている。

この一点をとっても、溝口さんが現代のジャーナリズムの世界でいかに稀有な存在かがわかる。

それだけではない。溝口さんは一貫して、暴力団、創価学会、サラ金業界といったタブー視されてきた団体、裏の社会の内幕を描き続けてきたが、還暦を超えてからも闇世界への新たな挑戦は止まず、筆勢は冴える一方なのだ。

それが、２００３年に講談社ノンフィクション賞を受賞した『食肉の帝王――巨富をつかん

だ男　浅田満』である。メディアが避けてきた同和問題と食肉業界の黒い癒着に、真っ向から取り組んだ力作だった。さらに06年には、テレビ界に君臨する女占い師・細木数子の欺瞞に満ちた過去を暴く『細木数子　魔女の履歴書』を発表。週刊誌を賑わす一大スキャンダルとなり、細木退場のきっかけとなった。

不屈の闘志、ひるまぬジャーナリスト魂、燃え続ける真実への情熱……。溝口さんは、この時代に私がぜひ会ってみたいと念願していた一人だった。

しかし、実際にお会いすると、拍子抜けするほどもの静かな人だった。

最初は、やや不機嫌なのかと勘違いしてしまった。一つ一つの質問にじっと聞き入り、数秒間の沈黙。そして訥々《とつとつ》と、けれども理路整然とした丁寧な言葉が返ってくる。不機嫌なのではなく、沈思黙考のタイプで、もともとが誠実な人柄なのだ。加えていささか奇妙なはにかみと、たくまざるユーモアがある。

この人のどこにあの情熱と闘志が、と思うが、本当に強い男、闘っている男とは、案外、このような人物なのかもしれない。

**（インタビュー　2007年7月31日）**

――今年（07年）の前半は、暴力団組員による発砲事件が相次ぎ、世間が騒然としました。4月17日に伊藤一長《いっちょう》・前長崎市長が選挙期間中に射殺され、数日後には町田市で、組員同士の内輪もめから射殺、立てこもり事件。5月には愛知県長久手町《ながくてちょう》で、元組員が人質をとって立てこもり、3人を負傷させて、特殊急襲部隊（SAT）の隊員1人を射殺するという事件が起きました。溝口さんは、今年5月に出版された文庫版『「ヤクザと抗争現場」――溝口敦の極私的取材帳』のまえがきに、「二〇〇七年は社会と暴力団のあり方が劇的に変わった曲がり角として後世に記憶されるかもしれない」と書かれましたね。長崎の事件を挙げ、「カタギ社会に対しても」「遠慮会釈なく暴力を振るい始めた」と記し、「暴力団のマフィア化といえる現象」と。そこでまず、暴力団の現状分析からお聞きしたいと思うのですが。

**溝口**　基本的に暴力団の格差社会化というか、組員の富裕層と貧困層の二極化が進んだんですね。とりわけ中高年の貧困層は生き残りが困難になり、自暴自棄になってきた。一般人の殺傷は彼らにとって計算できない、損な行動なわけですが、そういうことをあえてやるのは絶望的な心理だと思うんです。個々の組員だけでなくヤクザ世界全体を見ても、警

写真・増田岳二

察とのなあなあ的な、「お前のとこから拳銃出せ」「犯人出せ」といった関係が通らなくなってきた。92年施行の暴対法（暴力団対策法）以降そういう動きが定着してきたんですね。それで暴力団側も、警察や社会に対する敵対的な姿勢を強化するようになった。つまり暴力団の日本マフィア化現象です。

――と言うことは、指定暴力団を定め、不当贈与要求や用心棒料要求などの暴力的要求行為を規制した暴力団対策法が有効であり、暴力団を追い詰めたと言うか、所期の目的を達しつつある、と？

**溝口**　そういう言い方も可能でしょうが、成果をあげつつも法律の限界が見えてきた、ということだと思いますよ。暴対法は暴力団の存在を否定するものではなく、存在を認め、その上で用心棒や地上げ、交通事故示談交渉への介入などの経済行為に中止命令を出したりする法律です。でもそれでは、殺傷事件などで上部の責任を問えない。今年2月、東京の西麻布で国粋会系組員が住吉会系幹部を射殺する事件が起きました。その結果、国粋会を吸収していた山口組は住吉会と手打ちをしたけれど、犯人は不明のまま。そういうおかしなことが起こっている。しかも、実行犯がたとえ逮捕されても、上部の責任が追及されることはほぼ100%ない。

――なるほど。そのような現状が、昨年（06年）1月ご長男が山口組系組員に襲われた事件に対する溝口さんの対応に結びついているわけですか？　ご長男は右臀部《でんぶ》をハサミで刺され、全治2週間。溝口さん関連の言論テロは、90年8月（溝口氏が左脇背を刺され全治2カ月の重傷）と92年8月（寄稿した写真週刊誌『フライデー』副編集長が頭部を特殊警棒で殴打され7針縫う怪我）に続いて3回目ですが、溝口さんはご長男と一緒に今回、使用者責任を追及して訴訟を起こしていらっしゃいますね？

**溝口**　もちろん、結びついています。息子の事件では、逮捕された実行犯3人が「上部の人間に頼まれた」と言ってるんです。けれども、指示者の名前は「明かせない」と言い張る。そうすると、法的にはそこまで。今の捜査法では自供がない限り、上を辿《たど》って指示者に行き着けません。だから私は、今回民事訴訟に踏み切ったわけです。

――指示した山健組の井上邦雄組長と、山健組内兼國会の山本國春（本名井上國春）会長に使用者責任を問うた？

**溝口**　使用者責任と共同不法行為の両方。

——そうでしたね。東京弁護士会が31人態勢の大弁護団を結成して、総額7200万円の損害賠償を請求し、現在係争中ですね。

**溝口**　1月に訴状を提出し、第1回口頭弁論が5月16日、第2回が6月20日です。

——法体制が不備でも、今回の裁判で勝訴すれば、新たな道が開けますか？

**溝口**　いや、そこまでは行かんと思います。ただし新しい面がないわけでもない。これまで、抗争の流れ弾とかで市民が殺傷されて組長の使用者責任が最高裁で認められた例はありますが、息子の事件のように、殺傷意図に基づいた犯罪で使用者責任が認められた判例はないんです。また、殺害されたわけではなく、暴力団組員から傷害を受けた被害者が使用者責任や共同不法行為を問うのも、もし認められれば、新しい判例になるでしょうね。

——今回息子さんが被った事件を土台に、新判例を積み上げて行こう、と？

**溝口**　ええ。そう願いますが、私の本業はあくまで文筆業ですから、法律に訴えるというのは緊急避難的なことと考えています。

## 絶対的な安全などないものねだり

――溝口さんの書かれたものを読んだ暴力団組員がまた溝口さんや家族を襲う可能性は、今後もゼロとは言い切れませんね？

**溝口**　はい、そうですね。

――そのための対策は、何かとっていますか？　ご自宅に監視カメラ3台を設置したとか、日常行動を故意に不規則なものにしているとか、雑誌で読みましたけど。

**溝口**　それ以外やってません。まあ、夜遅く帰る時にタクシーを使うぐらいですよ。

――あまり恐怖を感じない？

**溝口**　いや、対応し切れないんです。向こうが襲う気になれば襲えるわけですから、絶対的安全などないものねだりです。大体、運転手や電気技師、どんな職業でも多少の危険は伴います。だから、あまり神経質に考えない。こちらが取り越し苦労をするほど、相手側は攻撃をプラスとみなしますしね。

――なるべく普通、自然に振る舞う？

**溝口**　（うなずく）

――溝口さんは、暴力団、サラ金やパチンコ業界、創価学会など、裏社会やタブーの世界を中心に執筆されてますが、そもそもの出発は確か、編集者時代に作家の代役として山口組のルポを書かれたんですよね。徳間書店の月刊『TOWN《タウン》』の編集者時代？

**溝口**　そうです。早大を卒業して入社2年目、24歳の時でした。

――作家はどなたですか？

**溝口**　雑誌『新日本文学』の事務局にいらしたTさん。作家の卵みたいな方でした。

――二人で神戸に行き、取材された？

**溝口**　三宮の素泊まりホテルに20日ほどおった気がします。兵庫県警の山口組壊滅対策本部ができていたので、そこへ行き担当の捜査課長に会ったり、ヤクザ関係の人間に話を聞いたり、地元の神戸新聞の記者を訪ねたり、各種資料をアルバイトを呼んでコピーさせたり、ま、編集者が通常やるようなことをやりながら取材を進めました。

――山口組組員への直接取材は？

**溝口**　表立っては無理ですけど、中立系暴力団組長のルートを使って接触したりして、一部の有力組長には会いました。

――大学出て間もない若い編集者の頃ですよね。怖くはなかったんですか？

**溝口**　当時も今も、ヤクザだから怖いとか、そういう感じは持ってないですね。

――それは、仕事の対象だから？

**溝口**　そうでしょうね。それにヤクザも上のクラスになると、一般人とさほど違わない。それなりの対応をしますよ。

――その後帰京し、Tさんが原稿を書いたけどボツ。どこがダメだったんですか？

**溝口**　エッセイ風で密度が薄かったのかな。それで編集長が、「お前、書け」と。やらざるを得んから書きましたよ、80枚。

――ヒョンなことから、現在に至る作家・溝口敦の極道ルポが誕生した？

**溝口**　いや、原稿は評価されたけど、若いこともあり、肩に力の入った文章でした。難しい漢字を多用したりしてね。今は「できるだけ平明な、わかりやすい文章」を心がけているので、今のルポとはかなり違ってます。

――しかし、ともかく溝口さんの原稿が記事になった。ということは、書き手としての下地ができていた？　やはり、早稲田大学新聞会にいた頃の書く体験が役立った？

**溝口**　文章を書くのは好きでしたよ。

――新聞会時代に取材の体験も？

**溝口**　ええ。学内問題や文化問題などを取材して書いてました。時折映画評論なども。

――当時お好きだった本や作家は？

**溝口**　こう言うと恥ずかしいんですけど、トーマス・マンとか（笑）、大岡昇平とかの、真面目な感じの本が好きでしたね。

――でも、徳間書店は3年足らずで退職。これは、作家として自立するためですか？

**溝口**　いいえ。編集長が退職する時、イヤだったけど、引きずられる形で辞めたんです（笑）。仕方なく、失業保険で食いつなぎ、先の80枚に追加取材して一冊に仕上げた。

――それが『血と抗争――山口組ドキュメント』ですね。26歳の処女作。売れ行きは？

**溝口**　すごいんです（笑）。ベストセラーじゃないけどロングセラー。おかげで結婚式の費用も本の印税で払ったし、小さいけど、親と同じ敷地内に家も建てました。

――それはほんとうにすごい！

**溝口**　それで思ったんですね、本を書けば、売れるんだ、と。バカです（笑）。次に、1年4カ月かけて、満を持して『反乱者の魂　小説大塩平八郎』という本を書きました。まったく売れない（笑）。初版のみで、印税40万円ポッキリ。こりゃダメだと思った（笑）。

## 「私は非政治的人間なんですね」

——1942年、東京・浅草生まれですね。浅草には何歳頃までいたんですか？

**溝口**　昭和20年（1945）3月の東京大空襲で焼け出され、3歳になる前に母の里の川崎に引っ越したんです。あとは高校卒業まで川崎市内での移転ですね。

——父上はどんなお仕事を？

**溝口**　親父は職人です。映画で使用される小道具を作っていました。

——3人兄弟？

**溝口**　ええ。兄、姉、僕ですが、会社員だった兄は2000年に病気で死にました。

——どんな子どもだったんですか？

**溝口**　体は大きいけれど、おとなしかったね。いや、中1の時に、在日韓国人の同級生を「席を替われ！」と意味もなく脅し上げたことがあって、あれは悪いことをした（笑）。成績は、小中高と公立の学校ですが、まあ、よかった方でしょうね。

——そして川崎高校から早大へ。

**溝口**　受けたら、受かっただけ（笑）。

——大学時代の思い出というと？

**溝口**　私は政経学部なんですが、ゼミも卒論もやってないんです。学部の勉強はそこそこに、新聞会に入り浸ってました。

——将来、記者を目指していた？

**溝口**　とんでもない。今もそうですが、当時からブン屋をバカにする傾向がありました（笑）。それより本を作りたかった。出版社の編集の方ですね。

——溝口さんの当時の政治的立場は？　確か、母上が共産党員でしたよね？

**溝口**　創価学会に書かれたことがあります（笑）。だから子どもの頃、母親に連れられて晴海の中国物産展に行った記憶なんかありますよ。政経学部を選んだのも、下部構造としての経済が世の中を成り立たせているから、という意識があったし、学生時代の一時期、民青（日本民主青年同盟）に籍を置いたのも、母親の影響があったせいですね。でも、私自身は党員じゃなかった。政治的関心もあまり強くなかった。

——当時は60年安保のあとですね？

**溝口**　そう。早稲田大学新聞会はマル学同（日本マルクス主義学生同盟）の牙城《がじょう》で、私の在学中の63年にマル学同が革マル派と中核派に分かれたんです。両派が角材で殴り合うのを目の前で見ましたよ。だけど私は、距離を置いて野次馬的に見てましたね。トーマス・マンに『非政治的人間の考察』という評論集がありますが、私はどうも非政治的人間なんですね。政治よりも文字や文章を愛していて、政治にはさほど信を置いてない。

——政治より文学？

**溝口**　いや、文学じゃなく、文字。文学なんて照れ臭いですよ（笑）。文学、芸術などの言葉はできるだけ使いたくない質《たち》なんです。

——で、卒業後徳間書店に就職されて、３年弱で退職される。そして第一作のヒット後、その同じ年に結婚された？

**溝口**　26歳で結婚です。相手は川崎高校の３年後輩、住友生命のＯＬでした。

——大学時代から付き合って結婚？

**溝口**　そうです。

――お子さんは？

**溝口** 二人。長男が会社員で、今34歳。30歳の長女は今カナダにいて、時折働きながら音楽や美術をやってます。

――アーティスト？

**溝口** って言うより、ニートかな（笑）。

――それにしても溝口家は一般とやや違いますね。ご主人の溝口さんが原稿のことでヤクザに刺され、息子さんも襲われたら、普通なら奥さんやお子さんが「そんな仕事はもう止めて！」と泣いて頼みますよね？

**溝口** 息子は何も言いませんが、女房は「あんたも年なんだから、危ない仕事はしない方がいいよ」と、時々言ってますね。

――それだけ、ですか？

**溝口** 私が刺された時に駆けつけた友人が、病院で女房に会ったら、「本人が直接家に電話して来たそうだから、大事がないと思いました」と平然としてたとかで、「お宅の奥さんは腹が据わってる」と感心していました。そんな肝の太さは、あるかもしれません。

――ジタバタしないご家族と同様、溝口さんにも、暴力に対してどこか超然としたところがありますね。言論テロに対するシンボル的存在なのに、声高《こわだか》に叫ばない、みたいな？

**溝口**　いや、言うべき時はちゃんと言いますよ。「暴力による言論封殺は許せない！」「言論の自由を断固守り抜く！」とかね。だけど、多くのジャーナリストのような使命感や正義感からではなく、何と言うか、便利な概念だからそう言ってるにすぎないところはある。声高に叫ぶなんて、恥ずかしいし。

――暴力による言論封殺の被害者は恥ずかしい？

**溝口**　恥ずかしいですね。加害者ならともかく、こちらが被害者であれこれ言うのは非常にカッコ悪いと思う。まあ、被害を受けてしまった以上、仕方ないことではあるけれど。

## 『アンアン』と『ノンノ』の板挟みで博報堂を辞める

――その後、30歳で博報堂に入社？

**溝口**　はい。知り合いの編集者の紹介で、ＰＲ計画部という部署へ中途入社です。

――稀《まれ》なケースですね。３冊の著作を持つ若手作家というのが有効だった？

**溝口**　それもあったと思いますね。

――でも、失礼ながら、ＰＲも広告代理店も、溝口さんのイメージじゃないですよね。

**溝口**　ははは（笑）。ＰＲなんて胡散臭《うさんくさ》い世界ですけど、調査のセクションというのがあって、そこにいたんですよ。

――しかも7年もの長い期間ですよね。具体的にはどんな仕事を？

**溝口**　いろいろです。キリンビール担当の時は、カナダのプリンス・エドワード島から〝ミス赤毛のアン〟を日本に連れて来て、彼女関連の記事を『アンアン』や『ノンノ』に掲載してもらったりとか（笑）。

――ヘェー、全然似合わない（笑）。『赤毛のアン』なんて、それまで手にしたこともなかったんじゃないですか？

**溝口**　いや、３歳年長の姉が読んでいたので、子どもの頃私も読みましたよ。『赤毛のアン』はけっこう好きだった（笑）。

――博報堂を辞められた理由は？

**溝口**　今の『赤毛のアン』絡み（笑）。『アンアン』と『ノンノ』の板挟みになり、私が

『アンアン』側に肩入れしたため営業を困らせることになって、「じゃ辞めます」と（笑）。それと私、当時は社用族もいいとこで、会社の金でさんざん飲み歩いてた（笑）。それで、女房からも言われてたんです。「あんた、サラリーマンやってるとだんだん人柄が悪くなる。辞めた方がいいよ」って（笑）。

――38歳で博報堂を退社された後は、ずっとフリーランスですね。資本主義の甘い世界を体験したあとだから別の分野を取材対象にしてもいいはずなのに、以前と同様、創価学会、サラ金業界、暴力団といった裏社会やタブーの世界をまっしぐら。以前よりも徹底した姿勢です。これはどうしてですか？

**溝口**　さきほどちょっと述べたように、私の場合は社会正義じゃないんですね。言うなれば、組織と人間の問題に関心がある。

――裏社会の組織と人間？

**溝口**　そう、さまざまなあり方ですね。それに、裏社会と呼ぶのか、一般の人が知らない社会や人間を書けば、そこにマーケットがある。つまり商売上のメリットがあります。また、タブーとされる闇《やみ》の世界を明るみに出すと、タブーがタブーでなくなって、書き手としての快感のようなものもある。だから私は、知り得たことは極力書きます。多少ヤバイことでも、「ヤバイなあ」と思いつつ書いてしまうという癖《へき》がある（笑）。

――快感でタブーを暴く？

**溝口**　快感、でしょうね。

――現在、仕事の合間にご趣味というと、ゴルフと合気道？

**溝口**　好きでやってるスポーツはそうです。ゴルフは月約3回、合気道は週1回。

――合気道は護身のためですか？

**溝口**　まさか（笑）。中学時代に柔道をやってて、もともと格闘技好きなんです。合気道ならこの年でも、と始めたまでで。

――じゃあ、まだ初段は？

**溝口**　持ってませんよ、恥ずかしい（笑）。

――ゴルフの方は、90切ってます？

**溝口**　切ってません（笑）。100を切れる程度ですよ。それも毎回じゃない（笑）。

――だけど、お好きなんですね？

**溝口**　好きですね。数字ウンヌンより、体を日常的に動かしておくことが好きなんです。

――他にお好きなものに、先刻から噛《か》んでいらっしゃるニコレットがありますね。

**溝口**　3年前にタバコを止めてから中毒なんです。ニコレット依存症。

――わざわざ海外から取り寄せておられるそうですが？

**溝口**　ニュージーランドです。向こうの8ミリグラムの製品は、日本の4ミリグラムのものより安い。非常に割安なんです。

――1日に何個ぐらい噛みます？

**溝口**　さあ（笑）。1日8個とか制限があるんですが、私はそうした制限にとらわれず、好きなだけ噛む（笑）。

――なくなると落ち着かない？

**溝口**　薬局に走ります（笑）。

**「セックスについては、これはやはり自分がスケベだから（笑）」**

――溝口作品の中に、異色と言うか、本流から外れた作品群があります。サラリーマンの生き方もの、食品の安全性や科学もの、セックス・ドキュメントなどですが、これらを断続的に執筆されている理由は？

**溝口**　ビジネスマンものは『ウェッジ』の連載をまとめただけですが、サラリーマンの生き方に興味がないわけではない。食品や科学については、私が知りたがり屋だからです。本を書くことで新知識が得られるなら、それは役得だ、と。それからセックスについては、これはやはり自分がスケベだから（笑）。

――中でも特に不可解だったのは、２００１年に月刊『オブラ』で取材、執筆されたバイアグラの使用実験報告です。

**溝口**　そういうものまで、よくまあ目を通していますね（笑）。恐れ入ります。

――ページのタイトルが、〝硬派作家・溝口敦、いまごろこっそりバイアグラを買いに行く〟（笑）。かなり恥ずかしい企画ですが、溝口さんは「二つ返事で乗ることにした」と書いてます。そして、バイアグラを医者にもらいに行き、四苦八苦して女友達に頼み込んで使用した顚末《てんまつ》をルポされた。こういう仕事、従来の溝口さんの作家イメージとまったく嚙み合わず、当惑するんですが……。

**溝口**　そうですか？　私はああいう仕事、割と得意なんですけど（笑）。あの手の文章は自分を笑い物にしないと書けないから、自分にそういう能力があることを証明できるというか、その面白さですよね。セックスものは特に人柄が出ますから、いかに嫌味なくそのあたりを書けるか、一つ挑戦、みたいな。

――でも、多少ピエロ的と言うか。

**溝口**　多少じゃなく、完全にピエロ（笑）。

――しかし、『ドキュメント　五代目山口組』の溝口敦が、あえてそのようなピエロを演じなくても、という思いは残りますが。

**溝口**　私はそんなふうに思わないんです。時にはああいう仕事をやってもいい。まして、私の要望ではなく、編集部が「ぜひ！」と依頼して来た仕事ですよね。それはやっぱり、私は乗るべきだと思います。

――では、今後〝老年期の性〟などの企画があれば、溝口さんは積極的に受ける？

**溝口**　いや、そういう生々しいのはどうも（笑）。そういうのはイヤですね。

――生々しさなら、老人一般の性よりバイアグラの方が生々しい気がしますけど。

**溝口**　バイアグラ報告は、オチャラケだからいいんです。最初から自分はピエロですよ。ところが、老人の性をどう考えるか、とかになると大真面目。身につまされる気がして、「勘弁してよ」と言いたくなる（笑）。

――いやあ、溝口流美意識というのは、きわめて繊細なんですね（笑）。固有の倫理観に基づき、線引きが大変ユニーク。

**溝口**　そうですかね。

――ところで溝口さんは、２００３年に発表の『食肉の帝王――巨富をつかんだ男　浅田満』によって、講談社ノンフィクション賞、日本ジャーナリスト会議賞、編集者が選ぶ雑誌ジャーナリズム大賞と３つの賞を受賞されました。とても遅い受賞です。私はむしろそれ以前の『ドキュメント　五代目山口組』の方が驚くべき傑作だと思いますが、ともあれ、食肉業界と同和問題の関係を一人の男を通して描き、不正に加担する食肉行政も暴いた『食肉の帝王――』は一躍溝口さんの名前を有名にしました。受賞後、変わったことは？

**溝口**　賞狙《ねら》いで書いたわけじゃないですから、別に、どうってことないですね。

――前よりも仕事がしやすくなったとか、仕事が殺到して困る、とか？

**溝口**　殺到してません（笑）。してませんが、この間検察庁に招《よ》ばれ、幹部らの勉強会の講師役をやったりと、そういうことはあります。外から声をかけやすくなったかな？

——そして昨年は、〝テレビがひれ伏す希代の女ヤクザ〟細木数子の半生を暴露した『細木数子　魔女の履歴書』が大ブレイクしました。

**溝口**　大したことないですって（笑）。ただ私は、テレビが嫌いなんですね。見なきゃ判断できないから見ましたけど、ますます嫌いになった（笑）。実にくだらない。

——細木の番組だけでなく、すべて？

**溝口**　いや、ニュースと映画とドキュメンタリーは見ます。でも、その他のもの、特に民放の番組は最悪です。テレビというメディア自体、物事を分析したり深く考えたりするのに適さないんじゃないかと思いますね。若い人があああしたバカ番組を毎日見るというのは、由々しき問題ですよ。いずれ放送と通信が融合して、民放局が通信の中に埋没してくれればいいのに、とさえ思います。

——溝口さんは、大新聞にも手厳しい。

**溝口**　情けないんですよね。相変わらず記者クラブ制度に頼り切って、特落ちだの何だのって。警察発表をまるっきり疑わない記者が、たくさんいますからね。イラク報道にしてもそうですよ。組織で記者を囲い込んで、危ない場所に絶対行かせない。そんな日本の大新聞や大放送局なんて、世界的に見ても、偉そうなことは言えないはずですよ。

――ジャーナリストというより、単なる高給取りのサラリーマン？

**溝口**　そうです。新聞記者の中には、退職後大学の教壇に、と考えてる人間が大勢います。私など、〝生涯一記者〟の方がよっぽどカッコイイと思うんですけどね。

**「日本も諸外国並みに暴力団禁止法を持つべきなんです」**

――最新の平成19年版『警察白書』を見ると、全国の暴力団組員は準構成員を含め約8万5000人。2、3年前と比べると微減ですが、この10年間は8万人以上、ほとんど変化なしです。で、うち半分が山口組系で、次の住吉会、稲川会と合わせると全体の7割を占め、大変な寡頭体制です。寡占が進んで総数が減ってないということは、溝口さんが最初におっしゃった暴力団対策法の限界？

**溝口**　ですから、暴対法の改正だけではダメで、日本も諸外国並みに暴力団禁止法を持つべきなんです。欧米や韓国、台湾、中国などは、組織犯罪集団を作ったり、参加を呼びかけたり、組員になったりすること自体が犯罪だと、法律で定めてますよ。日本はその点、かなり遅れていると思いますね。

——日本人には浪曲や任侠《にんきょう》映画のようにヤクザを美化する傾向がある？

**溝口**　暴力団の前身の江戸時代のヤクザは、悪行の反面、町の顔役として十手を預かったりと正負両面を持っていました。そんな特殊日本型無法者像を、暴力団も取り締まる側も双方が引きずっているためでしょう。

——暴力団の存在そのものが必要悪、と主張する人もけっこういますが。

**溝口**　私はそうは思いません。暴力団を抜けた元幹部が述懐してました。「どんな業界にもいい奴と悪い奴がいるけど、ヤクザの業界だけは悪い奴ばっかりだった」と（笑）。社会の裏側でフィクサー的な業務をする人間というのは、これからも出てくるでしょうが、犯罪を存在基盤としたヤクザ、暴力団というのは、消え去ってもかまわないと思う。現にアメリカではイタリアン・マフィアが見る影もないし、フランスの暴力団も衰退著しい。

——肥大化した山口組は、トップ不在で方向性が見えないですね。五代目渡辺芳則は２０

04年に引退させられ、翌年六代目を襲名した司忍（本名篠田建市）も現在塀の中。

**溝口**　渡辺がクーデターで放り出されて、自分の目の確かさを多少誇りたい気持ちだけど、彼が五代目を襲名する時に、私には渡辺が組長の器量じゃないってことがわかっておったですよ。

――溝口さんは渡辺の89年の襲名前に何度もインタビューされ、「サラリーマン・ヤクザのはしり」だと書かれました。

**溝口**　要するに、つまらん人間なんです。大きな組織の上に立つ器でないことは、最初の頃から感じてましたね。

――現在は弘道会二代目組長高山清司が山口組の若頭で、実質トップですが、司が出所して来るとどうなるのでしょうか？

**溝口**　司は2010年頃には出所でしょうが、今後どう変わるかはまるでわからない。高山は非常な能吏だそうだから、現在は司の意向を受けて組の運営をやってるのでしょう。

――いずれにしろ、日本の暴力団の大きな潮流はマフィア化ですか？

**溝口**　マフィア化以外の形では生き残れないだろう、ということです。これまでは菱の代紋をチラつかせれば商売できたけど、これからは地下に潜る必要がある。表に出ることなく、悪事に直接手を染めて、犯罪を金に換えてゆく。籍を入れない組員を増やし、彼らに窃盗でも覚醒剤《かくせいざい》でも何でもやらせて、その儲《もう》けを吸い取る。つまり、暴力団がマフィア化してゆくと、犯罪はより凶暴になり、匿名性も強まるということですね。外国人のメンバーも当然増えてくるでしょう。

——溝口さんは現在65歳。まだまだお元気そうですが、いつ頃まで暴力団などのハードな取材を続けるご予定ですか？

**溝口**　体が動くうちというか、丈夫な間はやるつもりですけどね。つらくなったら資料に頼る仕事、例えば歴史物なんかを本腰を入れて書いてみたいと思ってますけど。

——売れる『大塩平八郎』を？

**溝口**　別に、そう売れなくてもいい（笑）。書く仕事そのものは好きですから、書ける間は何かしら書いてゆくでしょうね。

——いくつかの雑誌で「死ぬ前に小説を一作」とおっしゃっています。一作と言うからには、トーマス・マンのような？（笑）

**溝口**　それは無理でしょう（笑）。小説の形はエンターテインメント風でもかまわないけど、自分にとって内発的な作品ですよね。

——それはまだない、と？

**溝口**　はい。ないです。

——その作品をライフワークにしたい？

**溝口**　そういうことになるんですかね、恥ずかしながら（笑）。

みぞぐち　あつし　1942年、東京都生まれ。65年、早稲田大学政経学部を卒業。徳間書店勤務の後、フリーとなり『血と抗争——山口組ドキュメント』（三一書房）を上梓。その後、博報堂勤務を経て、再度フリー・ジャーナリストとなる。暴力団、創価学会、科学からパチンコ業界、食肉、サラ金まで、幅広い範囲をフォロー。03年、『食肉の帝王——巨富をつかんだ男　浅田満』（講談社）で、講談社ノンフィクション賞などを受賞。なお、本文中に出てくる山口組系組長らへの訴訟は、08年3月に和解した。

## ⑧重松　清（作家）

田舎の墓を処分したい。娘らの代まで厄介ごとを譲り渡したくないんです。これは、地方に実家のある都会暮らしの家族共通の問題だと思います。少子化の問題は、各家の墓をどうするかって問題なんです。

子どもが友人関係をうまく築けず、イジメに遭ったり非行に走ったり。自分も職場でパワハラに遭い、閑職に飛ばされたり、リストラされたり。その上、夫婦仲までギクシャクして、浮気を疑ったり、手を上げそうになったり……ホントに難しい時代である。

バブル崩壊以後、身も蓋もない成果主義の荒波がまともに郊外の核家族を襲い、庶民の最後の砦だった家庭はかなり歪み、ささくれ立ったものになった。誰もが必死になって耐え、どうにか日常を支えている。

そんな時代に、重松清さんが登場した。

重松さんの小説は、我々の時代のリアルな日常の断面を描く。第124回直木賞受賞作『ビタミンF』所収の短編『はずれくじ』の場合は、郊外に暮らす親子3人の物語だった。

修一は、中学1年の息子のことを、気が弱く、男として頼りないと思っている。

たまたま妻が入院中の夜、警察から電話があった。コンビニの駐車場で中学生らが喫煙していて注意されたのだが、息子はその場におらず、「ハンバーグを買いに行かされてた」と言う。つまり、使い走りである。

修一はそのことが情けなく、つい強い言葉で息子を叱った。入院中の妻に説明しても、「(あの子は)優しすぎるから」と埒があかない。親は子供を選べない。息子は「はずれ」だったのかもしれないと、ふと思う。

しかし、最近修一は、死んだ田舎の父親のことをよく思い出す。唯一の楽しみが宝くじだった父は、何を夢見ていたのか？　叔母によれば、「都会に出たかったが、代わりに修一を出した」と言う。ならば、都会で我慢と妥協の生活を送る自分は「はずれ」の息子なのか。いや、もしかしたら、妻には自分は「はずれ」の夫。子には「はずれ」の父なのかも……。

塾のないはずの夜、再び帰宅の遅い息子を待ち切れず、修一は自転車で捜しに行く。意外にも本当に塾の日だった。出てきた息子と目が合う。と、息子は不良グループに呼び止められた。ガンバレと思う。息子が彼らに告げる、「悪い、オヤジと帰るから！」

事件らしい事件は何も起こらない。けれど、読み終えた後、細くつながった親子の絆にホッとし、胸がじんわりと温かくなる。

重松さんの作品は、２００８年も『きみの友だち』（廣木隆一監督）、『その日のまえに』（大林宣彦監督）、『青い鳥』（中西健二監督）が映画になったように、次々と映像化されている。それだけ同時代性が濃厚なのだろう。私は、司馬遼太郎を継ぐ国民作家は重松さんだと思っている。

**（インタビュー　2007年10月22日）**

——2007年も旺盛な創作力を発揮され、多くの著作を出版されましたね。文庫を含めて何冊ですか？

**重松**　単行本は、ノンフィクションが1冊、小説が5冊、それに文庫化された本が4冊ですから、合計10冊ですか。

——すごい数ですね。

**重松**　仕事ばっかりやってます（笑）。

——ここ数年、毎年それくらい？

**重松**　そうですね。年間平均7、8冊は出してますね、最近は。

——ということは、44歳の現在も平均睡眠時間3時間半の生活を続行中？

**重松**　いや、老眼になっちゃったんで、目が疲れたら少し寝て、また起きるってスタイルに変えたんですよ。だから、4時間から6時間程度でしょうね、今の睡眠時間は。

——仕事場のマンションに泊まり込んで、週末に自宅に帰る毎日ですか？

**重松**　基本はそうですけど、最近は週末も取材や講演で出かけるから、家のベッドで寝る機会がない。僕のベッドにかみさんの洋服とか置いてあって物理的に寝られないしね

写真・須田慎太郎

（笑）。もう家にいない存在になってます。

――２００７年の10冊の中では、５月刊行の『カシオペアの丘で』がやはり、大変な力作ですよね。上下巻で、親子三代40年間に及ぶ壮大なストーリー。しかも舞台は、これまで重松作品に多かったニュータウンや瀬戸内の町ではなく、初めて北海道。

**重松**　ええ、３年振りの長編ですね。

――斜陽の炭鉱町に育った幼馴染《おさなじ》みの４人が、大人になって再会するわけですが、うち一人が末期ガンだったことから、土地に残る悲劇の歴史と、それぞれの封印してきた過去が次第に明らかになって行く……。この物語に込めた、重松さんの思いは？

**重松**　一つは、歴史が欲しかったんです。『ナイフ』や『ビタミンF』でニュータウンや親としての30代の男を描いた。次の『流星ワゴン』や『トワイライト』では僕の親の世代やニュータウンの歴史の部分を書いた。となると、その次は近現代のニュータウンみたいな北海道、産業構造の盛衰まで描きたくなったんです。振り返れば我が家も、父親が運送業でオイルショックに翻弄《ほんろう》され、産業構造の変化をモロに受けているし、ずっと転校生だったから故郷の問題は、僕にとっては変わらず大切な関心事でもある。ま、１作書いて気付くことがいろいろあって、次にはその足りないところを書きたいと思うんですね。

――「川原さん」という殺人事件の遺族が登場しますね。この中年男性が仲よし4人組と絡み合い、重要な役割を果たしながら物語が展開します。こういう、社会事件の当事者が主人公たちと直接関わるという構図も、新たな試みに思えましたが？

**重松**　幼馴染みのサークルの話で閉じたくなかったので、外の人を入れて相対化したかったのが一つ。もう一つは、「ゆるす」「ゆるされる」というテーマの問題ですね。主人公のうち3人は「ゆるされたい」人間ですが、「ゆるす」側にも葛藤《かっとう》を与えたかった。だから妻に裏切られた「川原さん」を出した。

――「ゆるす」は許可の「許す」ではなく、平仮名の「ゆるす」ですね？

**重松**　漢字なら、恩赦の「赦す」。でも、もっと広がりを持たせ、「そのままそこにいてもいいんだよ」という意味で「ゆるす」です。

――確かに、現在の不寛容なギスギスとした世の中を眺めると、「ゆるす」「ゆるされる」というのは大事なキーワードだと思います。主人公たちの「ゆるされたい」という思いは、重松さん自身の思いにも重なる？

**重松**　重なってます。ものすごく。

――それほど強くですか？

**重松**　ここにいてもいいのかという問いは、なかなか居場所を見つけられない自分の中で、一生続くと思いますね。もしかしたら僕の小説は「ゆるす」「ゆるされる」、表現次第で「受け入れる」や「認める」でもいいですけど、いつもそこらへんを探っていて、最終的に「ゆるされる」方向を志向してしまうのではないかと思う。自分の性《さが》としてね。

――なるほど。その意味では『カシオペアの丘で』は拡大・多層型ではあるけれど、正しく重松ワールドの延長線上にある？

**重松**　そうだと思います。

――ところで、『流星ワゴン』の流星に今回のカシオペアと、星づいているようにも見えますが、星や星座好きは以前から？

**重松**　星は好きですよ。

――『カシオペアの丘で』の主人公たちのように、小学生の頃からですか？

**重松**　いや、小学校時代はソフトボールとサッカーですよ（笑）。だけど通俗的に、短い人間の生と対比させた永遠の「象徴」としてね。どうぞ、星菫《せいきん》派と呼んで下さい（笑）。

「**要望はしてるんです。『無署名で書かせて』って**」

――重松さんはアンカーマン、ゴーストライターとしては超有名で、1991年に『ビフォアラン』で小説家デビューをした時、すでに月産500枚のスーパーライターでした。しかも、その後もノンフィクションを書き続け、07年も1冊出版された。

**重松**　僕の書いているのがノンフィクションかどうか怪しいけど、ま、非小説ですね。

――代表作『世紀末の隣人』では、「寄り道ノンフィクション」と称してますね。

**重松**　本当は、週刊誌ベースのルポルタージュをやりたいんです。時代と向き合ったビビッドな無署名のルポ。週刊誌のアンカーマン時代に、いくつも企画を出したけど、「地味すぎる」「金がかかりすぎる」と言われてすべて却下された（笑）。

――今はどんな企画も可能では？

**重松**　だから、それだと取材中の僕の写真入りの記事になっちゃう。ルポと言うより作家の漫遊記でしょ？　今は仕方ないからそれでもできることを模索してるけど、要望はしてるんです。「無署名で書かせて」って。

——それは無理でしょう（笑）。

**重松**　とにかく、僕は読者としては圧倒的にノンフィクションの方が好きなんですね。足立さんの本もほぼ読んでます（と、聞き手の著書を突然テーブルの上に積む）。例えば、僕が好きで尊敬している作家のリストを作ったとすると、そのうちの9割はノンフィクション作家になると思うんです。

——つまり、ルポやノンフィクションがお好きだけど、執筆に絡む制約もあり、軸足はどうしても小説の方にある、と？

**重松**　その小説ですけど、僕が今書いているのは、自分の考える「小説」ではないんですよね。文庫のあとがきなどでよく言ってるんですが、お話、読み物なんです。

——直木賞受賞時の雑誌インタビューでは、文学の本質は「共同体からはぐれた〝個〟の悲しみや怒り、美しさなどを描くこと」とおっしゃってますね。共同体の常識を揺さぶるものだと。けど自分の作品は、最大公約数的な世界や価値観から逸脱していない、と。

**重松**　そう。結局は人のつながりっていいな、という安心感で終わっちゃう。自分では、苦味や亀裂を残しているつもりだけど、価値観を根底から覆《くつがえ》すほどのインパクトはない。だから「小説」に対するコンプレックスがずっとあって、そこらへんもね、さきほどの「ゆるされたい」という思いにつながるんです。

――重松ワールドの二大ジャンルは家族小説と青春小説、ひっくるめて広義の現代家族の物語ですよね。そこで改めて伺いたいんですが、重松さんが一貫して家族にこだわってこられたのはなぜなんですか?

**重松**　まず原体験として、自分の家族がノーマルでなかったというのがあります。父親は貰われっ子で、重松は養子先の苗字です。親戚が集まっても血縁ではないし、むしろ跡継ぎとしての抑圧感しか感じない。

――それは、父上も重松さんも?

**重松**　はい。そして父の作った家族も特殊でした。高度成長期の運送会社の社員で何回も転居したけど、単身赴任じゃなく、いつも4人家族が一緒。おかげで僕は家族に一体感も反発もあり、大学受験で上京するまでの父親は、僕にとって壁のような存在だった。

――重松さんの描く非常にリアルな家族小説が注目されたのは、時代の要請という側面もあったと思いますが？

**重松**　それは大きかったと思いますね。90年代に入って、それまでもあったイジメ、家庭内暴力、援助交際、不倫、リストラといった問題が一挙に噴き出した。1億総中流時代に比較的堅固と思われていた家族の絆《きずな》が、あちこちで急速に綻《ほころ》んできたわけです。

——その時代にデビューされた。

**重松**　そうそう。「家族とは何だろう？」とか「父親であることとは？」といった、これまで小説になりにくかったテーマを読みたがる読者層が出現した。僕が週刊誌のライターを続けながらシコシコと考えてきた所帯じみた物語が、どうやら時代の要求にマッチし始めたんです。その意味では、僕は、バブル崩壊前だったら絶対にデビューできなかったタイプの作家だと思いますね。

——家族という最後の共同体にヒビ割れが目立つようになって、共同体の破壊より再構築の方策が必要な時代になった？

**重松**　うん。その面から見てもね、具体的な人間である僕がノンフィクションの著作から教わることは実に多いんです。

## 「吃音《きつおん》がひどく、しょっぱなの自己紹介から笑いものです」

――年譜や資料を読んで行くと、重松さんの半生で重要なポイント、結節点が四つあった気がします。最初が小学校時代、次に『早稲田文学』、それから『女性自身』の〝シリーズ「人間」〟という企画記事、そして最初の短編集『見張り塔からずっと』です。

**重松**　よくわかります。

――小学校時代に大きな影響を受けたものに転校、吃音、強い父親などがありますが、最大の影響はやはり転校ですか？

**重松**　6年生まで4回学校を替えたから、そうでしょう。転校を繰り返すと、場の空気を読んだり人の顔色を見たりするのが早くなります。それから僕の場合、「どうせここも長くない」と冷めた目で町や級友を眺めるようになった。おかげで中学校以降は転校していないのに、人付き合いが悪く、友達もいません。でも、それでいいと思ってる。今もって目の前の仕事関係者としか付き合わず、文壇の親睦パーティーの類《たぐい》にいっさい出ないのも、そんな転校生体質の名残《なごり》ですよ。

――転校先でのイジメは？

**重松**　吃音がひどく、しょっぱなの自己紹介から笑いものです。けど、ランドセルを机にバンと叩《たた》きつけると、みんなビビッちゃう。体が大きく喧嘩《けんか》っ早い乱暴者でした。

――あ、それじゃ、イジメを描いた傑作『エビスくん』のエビス君が重松さん？

**重松**　ええ。いじめられる主人公のひろしではなく、いじめ役のエビスが僕（笑）。

――そう言えばどこかに、小学校では「ほとんどジャイアン、時々ツネオだった」と。

**重松**　いや、実際は「ほとんどツネオ、時々ジャイアン」だったかも（笑）。いずれにしても嫌なガキでした（笑）。だから逆に、うまく行かなかった少年期の交友に執着し、何度もそこを書いているんでしょうね。

――で、山口県の高校を卒業して早大に進みますが、3年生の時に一大転機が訪れますね。1983年の6月の晴れた日、教育学部16号館の掲示板に1枚の貼紙《はりがみ》を見た？

**重松**　そう、そう（笑）。『早稲田文学』の学生編集員募集の貼紙ですね。

――それまで学校の作文は得意でもまともに文学とは向き合わなかった？

**重松**　愛読書が『成りあがり』（笑）。本気でフォーク歌手を夢見てたから（笑）。

――それが編集部に入ると、編集委員の立松和平、荒川洋治、福島泰樹といった当時気鋭の文学者諸氏と急に親しく接するようになり、やがて酔った中上健次氏を新宿ゴールデン街の店から自宅まで送り届けるのが重松さんの役目みたいになった。

**重松**　『早稲田文学』編集部時代はほんとうにいろいろと修業させていただきました（笑）。でも、あれですね、編集員応募の作文は締切り1時間前に貼紙を見て大急ぎで心象風景を書いて提出したんですが、1週間後に「ぜひ会いたい」と連絡があった時は跳び上がりました。初めて自分が認められたと言うか、喜びでは人生最大級だったと思います。

――三つ目の山は、92年から2年前まで続けられたという女性週刊誌の〝シリーズ「人間」〟のアンカーマンとしての仕事？

**重松**　作家重松を何が作ったのかと言ったら、間違いなくこの仕事です。

――これはずばり、普通の人の人生？

**重松**　そうです。波瀾《はらん》に富んだ市井《しせい》の人々の人生をデータマンが徹底的に取材して来て、その膨大なデータを僕が読んでひと晩かけて17枚の原稿にまとめる。

――女性読者が涙を流すそうですね。

**重松**　泣いたり笑ったりホッとしたり。大体の構成が経験則で決まっていて、通俗的感動と言えばそのとおりだけど、17枚で何の縁もない読者を泣かすのは一種の力業《ちからわざ》です。僕はこの文章訓練でずいぶん鍛えられたと思う。

――そして、95年に、4冊目の小説の単行本として短編集『見張り塔からずっと』が出ます。文庫版の長いあとがきで書かれているように、この本で重松さんは小説家としての方法論を確立し、それを宣言された？

**重松**　確かにね、おっしゃるとおり。

――宣言、あとがきではマニフェストとおっしゃってますが、その中で、3冊書いたがもう書くべきものが見つからない。ならばフリーライターの姿勢のまま小説を書こう、見張り塔の哨兵《しょうへい》、時代の目撃者となって物語を紡《つむ》いで行こう、と決意された。

**重松**　はい。小説家の本流は、中上健次さんのように生まれながらの作家で、「俺はね」と口を開いたとたん、そこから文学が始まるような作家だと思うんです。ところが僕には、そんなに豊潤で切実な内面はない。僕の場合は、「俺はね」よりも「あの町はね」で語り始めた方が自然だし、似合っている。

――見張り塔の目撃者に徹する?

**重松**　そう。アンテナを張り巡らせて、時代や社会の変化や潮流を取り込みながら、どこにでもいる平凡な人間の物語を作り上げる。自己表出ではなく、自己隠蔽《いんぺい》の物語。でも、試みがうまく行けば、自分が消え去ることによって時代の物語、みんなの物語が作れる、かもしれない。なーんちゃって(笑)。

## 育てることはできたけど、何か教えられたかと言えば、自信がない

――家族小説を書く作家の家族関係をちょっと聞いておきたいと思います。同年齢の奥様は早大教育学部の同級生ですよね?

**重松**　そうです。

――高校の先生?

**重松**　都立の定時制の国語の教師でした。結婚した当初は僕を養ってくれたりして、長く勤務しましたが、数年前に辞めました。

――しかし、ご結婚が大学を卒業された年の8月、重松さんは22歳。とても若い時です。

この決断はまた、どうして？

**重松**　貧乏性と言うか、この機会を逃したらもう結婚のチャンスは二度とないかもしれないと思って（笑）。

——お付き合いは長かったんですか？

**重松**　出会ったのは3年生の時。最初は確か、お金を借りたのかな（笑）。

——せいぜい2年くらいで結婚？

**重松**　何なんだろう。僕は、遊びで付き合うとかできない性格なんですよ。

——でも、それまで恋愛体験そのものは豊富だったのでは？

**重松**　全然全然、まったく（笑）。というか、単純にもてなかったんです。その割に女性に対する偏見にも似た厳しい基準があって、髪は真っ直ぐでなきゃいけない。パーマは不良とか（笑）。目はあくまで二重まぶた、タバコを吸う女性はパスとか。

——なるほど。奥様は、理不尽な重松さんの基準を満たす稀有《けう》な女性だった（笑）。そしてお子さんは、今？

**重松**　娘が二人います。上が16歳で高校2年生、下が11歳で小学5年生。

――重松さんの家では、子育てに関して「これだけは守る！」みたいな〝重松家のモットー〟はあるんですか？

**重松**　うーん、ないですね。結局そういうのは出せなかったな。

――え、なかった？

**重松**　上の娘が保育園の時、「お父さんに叱《しか》られるのはどんな時ですか？」って先生に質問されたんです。他の子は「嘘《うそ》をついた時」とか「約束を破った時」とか答えたらしいんだけど、ウチの娘だけ「ご飯粒を落とした時」（笑）。僕が、そういうの嫌いで。

――妙に具体的になってしまう？

**重松**　子どもたちを育てることはできたけど、何か教えられたかと言えば、自信がない。ま、女の子だし、男の自分にはほんとうのところはよくわからないのだと思う。それに今、二人とも反抗期の最中だし。

――二人ともですか？

**重松**　今はダメ、ほんとうに嫌われてる（笑）。

――「半径2メートル以内に近付かないで！」とか？

**重松**　そんな感じ、そんな感じ（笑）。ただ、娘たちの気持ちもわからないわけじゃない。教科書に自分の父親の作品が載ってたり、父親が前の晩のＮＨＫの番組に出てて、そのことをクラスの友達にあれこれ聞かれたりって、子どもの立場になればイヤでしょ？

――有名人家庭ならではのプレッシャー？

**重松**　いわゆる有名人じゃないけど、事実として学校の先生たちが僕の名前や作品を知ってるってことがね、生徒である娘たちにはすごくうっとうしいんだと思う。

――そんな娘さんたちに、それでも言い続けていることってありますか？

**重松**　少しカッコよすぎるけど「ゆるす側になってほしい」とは言ってます。友達関係の中などで、厳しく「ゆるさない」んじゃなくて、「ゆるす」人になって、と。

――それは、食事の席などで？

**重松**　ええ、言ってます。学校や友達関係でもしも人を排除するような友人がいれば、「すぐに俺が行ってしばいてやる！」って（笑）。ついそんな言葉を口走り、「パパに話すとコトが大きくなるから、もう絶対言わない！」って、また嫌われる（笑）。

――お話を伺う限り、子育てや教育に関して重松家ではまだ家族会議を開くような問題は起きてない、ということですね。

**重松**　かみさんが教師だったんで、たいがいのことはかみさんができるんです。僕の出番なんて一生ない方がいいのかもしれない。

――当然、母と娘の関係も良好？

**重松**　かみさんと娘たちは、僕が死んだらそろって『婦人公論』に手記を書くつもりのようで、「それが楽しみ」って言ってます（笑）。ひょっとしてそれが本になって、僕の小説なんか問題にならないくらい売れたとしたら、ショックだなぁ（笑）。

**「放っといてくれバカヤロー、と言いたかった（笑）」**

――重松さんについては前々から二つの疑問を抱いてました。重松さんはフリーライター時代から単行本100冊・記事3000本の成果を誇った業界一の稼ぎ頭。小説に転じても超売れっ子作家。下世話な話、莫大な収入があったと思うんです。差し支えなければ、そのお金、主に何に使われたのか教えていただきたいのですが？

**重松**　家です。持ち家を、そうね、もう4回ぐらい買い替えてます。

——家？　すると、銘木の床柱に凝ったりする普請《ふしん》道楽？

**重松**　そこまでは行ってません（笑）。子どもの成長に合わせて大きいのに買い替えたり、新築のマンションを買って、騒音がうるさいからとたった8カ月で売り払ったり（笑）。

——自分の家に対する関心が強い？

**重松**　僕が子どもの頃、我が家はいつも借家でしたからね。釘一本勝手に打てなかった、みたいな恨みはある。それと、老いた両親の暮らす岡山県の田舎に未練はなくて、「俺は東京に根を下ろす」という思いもあるかな。

——今後も家に資金を注ぎ込む予定はあるんですか？

**重松**　今、作っているところです。

——新しい家を？

**重松**　いえ、書庫です。商売柄、本の数がおびただしくなってますからね。これを捨てずに、できるだけ収納したいと思って。

——重松文庫の設立？

**重松**　特に商品寿命の短いノンフィクションの良書を重点的に蒐《しゅう》集《しゅう》したいですね。放っておくとすぐに絶版になっちゃうから。

――素晴らしい！　業界の末端に連なる者としては、ぜひ実現していただきたいです。

**重松**　それで、二つ目の疑問は？

――はい、『愛妻日記』です。非常にエロチックな重松版官能小説集ですね。熱心な重松ファンから「なぜこんな好色本を！」「子どもに読ませられません！」とゴウゴウたる非難を浴びながら、どうして出版し、書き続けていらっしゃるのか？　文庫版あとがきに一応の理由は書いてありますが、ぜひご本人の口からご説明を。

**重松**　書き手としてのね、振り幅が欲しいんです。僕の小説やエッセイをサッと読むと、一般的な感想は「(作者は)いい人じゃん」。それでオシマイ。でもその「いい人」が聖人君子的な「いい人」だとすると、絶対に間違いです。僕は特に善人でもなければ優しい人間でもない。むしろエゴくて、図太くて、世俗的な欲望に満ちている。そんな男の一端を、ね、官能小説で示せると思う。

――性のシーンというのは通常の重松作品では描きにくいですか？

**重松**　うん、やはりね、そこだけ粘っこいと全体のバランスが崩れてしまうから。

——『流星ワゴン』の場合、1カ所だけ登場し、淡泊な描き方でしたが全体の中では非常に印象的かつ効果的でした。

**重松** あれも、けっこう抗議が来たんです。「せっかくの名作なのに、なぜあんな場面を?」って。放っといてくれバカヤロー、と言いたかった(笑)。

——あと『愛妻日記』収録の官能小説で気になったのは、性愛の対象がもっぱら妻であり、その方法が「言葉イジメ」に偏っているということですね。女性にエッチな言葉を投げかけたり言わせたりして羞恥心《しゅうちしん》をあおる「言葉イジメ」、重松さん、お好きですね?

**重松** そうそう、好きなんです(笑)。官能ものをいくつも書くと、自然に自分の好みやこだわりが出てしまう(笑)。

——対象が愛人やマドンナ、あるいは行きずりの女ではなく、常に妻、というのはどうしてなんですか?

**重松** 通常の情事ではなくて、妻との性愛が好きなんでしょうね。あるいは、夫の方に何らかの不安感があって、時折妻との愛情を確認する作業が必要、とか。もしかしたらこれ、僕があまりにも早く結婚しちゃったせいなのかなぁ(笑)。

――重松版性の小説と言えば、もう一種類、思春期のエロスを瑞々《みずみず》しいタッチで描いた『かっぽん屋』や『すいか』のような、一連の青春小説もあります。

**重松**　ああ、当時ね、したかったから（笑）。僕は少年時代の性の世界がすごく好きで、あそこに描いたのは強烈な憧《あこが》れなんです。

――少年期の性特有の、後ろめたさと好奇心が入り交じったヒリヒリ・ドキドキの世界。非常にリアルに感じました。

**重松**　僕らはまさに、『俺の空』を回し読みした世代ですからね。大学受験で東京に行ったら、何はともあれ神保町の芳賀書店に行って、お土産用のビニ本を買って帰る（笑）。芳賀書店が我が青春の書店（笑）。

### 時代と同時進行ではなくて、取り残されたものを描く

――家族の変容について伺います。重松さんは90年代、ヒビ割れた日本の家族が必死に再生を図る姿をさまざまに描き、多くの読者の共感を得ました。しかし近年、事態はより深刻化したように見えます。特に、ワーキング・プアの増加、下流社会化といった経済面の

悪化ですね。こうした側面は、重松さんの家族小説に、まだあまり色濃く反映されてないように思えるのですが。

**重松**　でもね、社会問題の最前線をカバーするのは、まずルポでありノンフィクションだと思うんです。僕の小説は、時代と同時進行ではなくて、時代からこぼれた部分、取り残されたものを描く。『エイジ』なんか典型的だけど、基本的に僕の小説はそうです。

――そう言えば、そうですね。『エイジ』は通り魔事件の当事者の少年じゃなくて、事件に揺れ動く同級生の物語でした。

**重松**　ワーキング・プアや下流社会関連の本はもちろん読んでいます。雨宮処凛《かりん》さんのお仕事など、非常に注目してますよ。

――わかりました。質問をやり直します。日本の家族の変容を示すニュースは日々溢《あふ》れています。生活保護世帯が１００万突破とか、中学1年生の約１割が鬱《うつ》病傾向とか、少年非行は減っているけど親殺しは増えているとか。そんな変化の動向の中で、重松さんが一番気になっているのは何ですか？

**重松**　それはもう、一人っ子の増加ですよ。以前からずっと気になってた。家に帰っても話し相手は両親のみ、大人しかいない。そんな状態が生まれてから十数年続き、周囲も同様の家庭ばかり。これは怖いですよ。

――中国でも一人っ子政策が20年続き、小皇帝と呼ばれ社会問題になってますね。

**重松**　日本でも弊害は出るでしょ。昔は、家の中に女中や婆《ばあ》や、書生などがいて、子どもは血縁以外の理解者を得てさまざまに鍛えられました。戦後は兄弟中心だけど、喧嘩《けんか》や妥協を通じてコミュニケーションを学び、自分らしさを獲得できた。けど一人っ子の趨勢《すうせい》が続くと、家庭内で煮詰まらないためには、どうしてもメールなり携帯電話なりが必要になってくるよね。

――人間関係に風穴が必要？

**重松**　そう。だからウチは子ども二人だけど、早くから携帯は持たせてます。

――小学生の頃から？

**重松**　うん。だって町からドンドン公衆電話がなくなっていて、いったん外に出たら連絡もできなくなる。友人間だけじゃなく、家との連絡用ツールとしても携帯電話は必需品です。ウチは携帯オーケー、外泊オーケー。

――外泊許可は上の娘さん？

**重松**　友人の家にね。僕は18歳で上京し一人暮らしをしてた。娘もそろそろそんな年です。ずっと東京在住でリセットの機会がないから、せめて外泊ぐらいはね。そりゃちょっと心配だけど、かみさんがしっかり見てて、娘との関係もどうにか保ってるから。

――重松家は奥様の力が大きい。

**重松**　これも昔の家族と違う点だけど、ウチのように同級生夫婦で雇用機会均等法世代だと、夫と妻は何もかも対等で、職業を持ち社会性がある妻は、ある種の父性を持ち始める。夫と妻が父性を分かち合えるんです。

――夫婦がそれぞれ自立すると、親の力はむしろ柔軟で強固になる？

**重松**　親の側にはその可能性がある。問題は子どもたちの方です。特に男の子。女の子の場合は時代と共に選択肢が増えてきた。結婚するもよし、しないもよし。就職も、腰掛け的なものから専門職、起業、研究職、ＮＰＯと多彩です。それに比べると男の子は、相変わらず一家を養える就職のみが要求される。一人っ子への圧力は増大の一途です。

――重松さんのお宅では、娘さんたちが結婚しなくても「あり」ですか？

**重松**　あり、あり、全然ありです。

――極端な話、そのことによって重松家が絶えても？

**重松**　もちろん。全然かまわない。最初に述べたように、家系の跡継ぎの義理があるわけです。だけど、それは僕の代で終わりにしたい。両親が生きている間はともかく、亡くなったら岡山にいる妹とも相談し、田舎の墓を処分したい。娘らの代まで厄介ごとを譲り渡したくないんですよね。これは、地方に実家のある都会暮らしの家族共通の問題だと思いますよ、ウチだけではなくて。

――確かに、墓の問題は重大ですね。〝先祖代々〟と刻んであるわけですから。

**重松**　そうです。少子化の問題は、労働力が減少するとかGDPが下がるとかの前に、各家の墓をどうするかって問題なんです。

――自己表出ではなく自己隠蔽を図ることによってみんなの物語にするって、墓の問題も同じですかね？

**重松**　ちょっと違う気がするけど（笑）。どっちにしろ、ワーキング・プア、下流社会、非婚、一人っ子があり、介護の問題の他にまだ墓の問題まで山積してるんだから、僕の小説のテーマはまだまだなくなりそうにないってことでしょう（笑）。

しげまつ　きよし　1963年、岡山県生まれ。早稲田大学教育学部卒業。出版社勤務を経てフリーに。ライターとして、雑誌に寄稿を続けながら、91年『ビフォアラン』（ベストセラーズ）で作家デビュー。99年、『ナイフ』（新潮社）で坪田譲治文学賞。同年、『エイジ』（朝日新聞社）で山本周五郎賞受賞。2001年、『ビタミンF』（新潮社）で直木賞受賞。他に『定年ゴジラ』『愛妻日記』（以上、講談社）、『加油（ジャアヨウ）……！　五輪の街から』（朝日新書）、『とんび』（角川書店）など多数。

〈あとがき〉にかえて——足立倫行へのインタビュー（聞き手・重松 清）

# 『PLAYBOY』インタビューの凄み 男のホンネを引き出すコツ

**重松**　全8編を通して読んでみて、まずこの分量に圧倒されました。今の雑誌ジャーナリズムで、これだけの分量のインタビューが載るページって、まずないと思うんです。

**足立**　一人当たり400字詰め原稿用紙30枚です。普通の雑誌インタビューは、この半分かそれ以下の分量ですよね。完全に生《なま》の受け答えで構成する30枚なので、どうしても力が入ってしまいますね。大相撲じゃないけど全力で立ち合い、ぶつかって足を踏み出そうと。踏みこんで前まわしを取らないと、相手も乗ってこないし力を出してもらえない。

**重松**　そして人選も、踏み込むに値する、なかなかみなさん二枚腰、三枚腰でけたぐりもありそうな面々ですよね。あえて僕自身も含めておきますが、ここに登場したみなさんは、足立さんが積極的に会ってみたい、ぶつかってみたいと思われた方々ですか？

**足立**　そうですね。この時期・時勢のこの人と、自分は同時代を生きているんだということを、インタビューの中で確認したいんですね。同時性があることが、僕にとってはドキュメントになる。10年前では興味があまりなかったかもしれない、また3年前のあの時期だから聞くことができた、というのもあります。よく一期一会と言いますが、人とのそういった対峙《たいじ》のし方をしたインタビューだと思うので。

## 誰も聞いたことのないひとことを聞きたい

**重松**　これも30枚のボリュームの力だと思うんですけど、相手のしゃべりたいことだけをしゃべらせて、はいさようならでは終わらせないぞ、という気概を感じるんですよね。一般的にインタビューや取材というものは、ものごとに整合性を持たせるためのものだと思うんです。「なぜ？」に対する答えを聞き出すとか、ある場面での気持ちやそこにこめた思いを、インタビュイー（被取材者）が自分で説明するための場だと。説明を引き出すためのインタビューが一方にあるとして、足立さんのスタイルは説明しづらいものを問う、あるいは説明なしにすませてきた矛盾をえぐり出すものですよね。

**足立**　たぶん、僕の中にも矛盾がたくさんあると思うんです。例えば妻や子ども、友人から見た自分と、世間的に足立として認識されている自分との矛盾とか。被取材者が自分では気付かない矛盾した部分を、僕がその人の文章や発言、行動から組み立てた質問をぶつけることにより、被取材者自身に言葉化してもらう。それをやってみたい、という感じはありましたね。読み終えた時にその人の全体がポッと浮かんでくるような、あるいはインタビュー中の言葉のいくつかが記憶に残るような、そんなインタビューにしたい。事前によく調べて質問表を作るというのが前提ですが、その人から誰も聞いたことがないようなひとことを聞きたいと。

**重松**　矛盾に斬《き》り込んで行くとなれば、やっぱりこの分量の必然性がありますよね。この分量でできる最善のことをなさっていると言うか。大御所の御説拝聴で終わってしまう恐れだってあるんだけど、明らかに人間というのは絶対に矛盾した存在であり、その矛盾をあげつらって指摘するんじゃなくて、そこにこそあなたの面白さがあるというふうにやっています。ここに登場する方のほとんどが、ある面で場慣れしていて、言い換えれば、聞いてもらいたいように聞く、というやり方だってできるんですよ。それでも矛盾を矛盾のまま残さずに、人物評伝作家として足立さんは突いていく。

**足立**　相手が怒って席を立ってしまったら、その人との人間関係が壊れてしまうし、こういう仕事も二度と回ってこないかもしれない。そこは常に想定しています。聞きっぱなしのインタビューなら、僕がやる意味がないわけですから、最後のところで体を張ってるという思いはありますね。

## リスペクトを前提に食い下がる

**重松**　体を張って言葉を止めたり引き出すときに、一番大事なことって何ですか？

**足立**　それは、相手のほんとうのところを知りたいんです、という姿勢ですよね。好きで、関心があるからこそ、ほんとうのことを知りたいんです。あなたを何十人というインタビュアーが取材してきただろうけど、自分が一生懸命ぶつかれば、ひとことくらい誰も引き出せなかった言葉が出てくるだろうと。一方的思いなんですけどね。

**重松**　挑発とも違うんですよね。食い下がるって言い方、僕すごく好きなんだけど、食い下がるから自分の位置は下じゃないですか。例えば田原総一朗さんは上から食い下がろうとしているけど、足立さんってほんとうにリスペクトを前提に食い下がって行くから、最終的にはみんなしゃべっちゃう。そういう時って、やっぱり内心ガッツポーズですか？

**足立**　そうですね。迷い、悩んだ末にここを押してみたら急所を突いていた、という手ごたえを感じた時は、この仕事をやってよかったと思いますね。

**重松**　正式にこの人にインタビュー、と決まると、最初に何をなさるんですか、その準備として。

**足立**　担当さんにポンと本を送ってもらいますね。インタビューの前にはとにかく、相手の作品や発言が書かれたものを、必死で読むんです。2度目に読む時には要点だけ見ながら付箋《ふせん》を貼《は》って、自分なりに人物の年表を書き込んだノートを作る。そこから質問をひねり出していくんですけど、それでも現場で臨機応変に変えなきゃダメだし、正しくストレートも放って、それからカーブも変化球も投げてとか。

**重松**　それって自分が、と言うか当然足立さんもそうなんですけど、書き手として一番スリリングなんですよ。まず書いたことをベースに質問されると、若書きのものなんかは確かに書いちゃったしな、と突っ込めますよね。ただ、一歩間違ったら、検証するだけに陥りがちで。足立さんの場合は、書いてあることで埋めながら、逆に描かれていないところを浮き彫りにして「なぜか」と問う。まさに探偵役と言うか、そこはもう推理ですよね。犯人役のインタビュイーがたじろいでしまう、ある面で実証主義的なところと、さきほどあった矛盾を突くクリティカルなところが、変幻自在なんですよ。

**足立**　十分に周りを調べて、今この人の思いはどこにあるのだろうという共感からまず始めないと、やっぱり相手の扉も開かないし、ほんとうのところは聞けないんじゃないかと思いますね。よっぽど本を読み込んで、その中で一つ、自分なりのテーマ性や問題性を持って行かないと、御高説拝聴、ごもっともで終わっちゃうんですね。だから僕は、大げさに言えばインタビューをドラマにしたいと言うか、その場で小さなヒューマンドラマを共に作りたいという気持ちがあるんです。

## 今の時代を生きている証《あかし》を探す

**重松**　わかります。現場に行ってそのロケーションの中で出て来る言葉を引き出す、という、足立さんがこれまで得意としてきたスタイルとも、このインタビュー集はまた違いますよね。それこそ足立さんには『日本海のイカ』という、漁師さんの話を聞き取った本がありますが、イカ釣りの漁師さんはNHKのスタジオではしゃべれない。船の上でしゃべった言葉が、一番説得力があるんだよね。それを知りつくしていらっしゃる足立さんだからこそ、の難しさもあったんじゃないですか。

**足立**　そうですね。大体こうしてホテルで一室とって2時間くらいのインタビュー時間ですからね。一対一で、変哲もない空間で、言葉だけでつながるわけですから、構成とか、突っ込みどころとか、かなり考えます。

**重松**　あと、同時代性とプラスして、世代性というのもあるんですかね。

**足立**　あると思います。

**重松**　団塊の世代の、それこそ一行の言葉で世界を震えさせられるというかね。さきほど、誰も聞いたことのないひとことを聞きたいとおっしゃったのも、たぶんアフォリズムが成立する言葉の強度みたいなものを、すごく信じていらっしゃると思うんですよ。谷川雁や吉本隆明のその感覚と言うか、言葉に対する信頼、または信仰でもいいんだけど、これはやはり、世代として持っていますか？

**足立**　それはありますね。言葉に対する飢えもあるし、自分らしい言葉を常に探している部分もある。それをこの時代に活躍している人々から最上の形で引き出して、次世代に渡すということが、我々の仕事じゃないかとも思っているんですよね。

## 「（笑）」を付けずにはいられない世代

**重松**　そこなんですよ。だから、これを読んでいてほんとうに自分が情けなくなってしょうがないんですけれど、僕たちの世代は逆にその反動か、最後に「なんちゃって」とか「（笑）」と付けずにはいられなくなっちゃう。上の世代のみなさんがまっすぐくるのに対して、何か逃げ腰になっていて、いつも「なんちゃって」とか「（笑）」で逃げてしまう80年代型の言葉の意識。その弱さを僕へのインタビューを読んでいて、改めて感じたんですよ。これ、僕の答えが足立さんの問いに完敗しています。マジに。逃げてるなあ、ああ、言葉負けているなオレは、と。もしかしたら言葉の強度というものを、僕たち40代よりずっと若いヤツらの方が、むしろ深く信じているかもしれない。結局、ケータイなんていうものはディスプレイが小さくて、その分、一行の持っている重みがありますからね。

**足立**　なるほど、逆にね。

**重松**　ほんとうにいろいろなツールが進化して、例えば面と向かって会うということが、だいぶ減りましたよね。でも、ここにはやっぱり面と向き合わなければ出て来ない、軽い言葉で言ったらグルーヴになっちゃうかもしれないんだけど、何か波動みたいなものが、確実にあるんじゃないかなと。質問表をメールでやり取りするだけなら、この感じはできないんですよね。表情やしぐさから得られるものを地の文で入れれば簡単なんだけど、それなしで表情が浮かぶというのは、ものすごく難しいことなんじゃないかな。そう思うと内容的なものをまとめる難しさよりも、この空気を伝えるところに、足立さんは相当な出力と工夫を費やされているような気がするんですけれども。

**足立**　それこそ一回きりの真剣勝負ですから、空気もリズムも大切にしますね。そういう意味では、船に乗っている漁師さんの表情や動作を描く時と同じなんですよ。船降りちゃったら、顔が変わっちゃうわけですよね。スナック・モードになっちゃっている（笑）。

**重松**　スナック・モード（笑）。

**足立**　海で潮を浴びながら働いている時と、船を降りてスナックで酒を飲んでいる時では、精神のありようが違っちゃうわけです。それはその場で捉《とら》えないとダメで、スナック・モードに入った人はそれも別の一面だからそれはそれでいいんだけど、やっぱり海の男、というイメージではないわけですよね。彼がほんとうに真剣な顔をしている時を見なきゃダメだと思うんです。だからこのインタビューでも、その人のいちばん輝いている真剣な顔を、いつも頭の片隅に置いてますよね。

## 孤独と孤独がぶつかった言葉の交流

**重松**　今回のインタビュー集にはいらっしゃらないけど、女性であればどなたをリストアップしましたか？

**足立**　若手なら堤未果さん。ベテランなら塩野七生《なな み》さん。亡くなられてしまったけど米原万里さんもお会いしたかった。塩野さんのローマ帝国の歴史に照らして、現代や人間のあり方を考察するという方法は今までなかったですよね。おそらく、外国人にローマがわかるかとか、ある意味で孤独であったろうと思います。女性だから誘惑も意地悪もあったでしょうし、その孤独を支える強さを聞いてみたいですね。

**重松**　孤独といえば、ここに登場される方って、一匹狼《おおかみ》が多いですよね。例えば佐藤優さんだって逮捕される前から外務省の異端児だし、保阪正康さんもいわゆる昭和史の専門家からは在野の書き手として位置付けられている。一匹狼がほんとうに多いなと、今伺っていて思ったんですけれど、これはやっぱり惹《ひ》かれちゃうものってあるんですかね。

**足立**　惹かれるんですね。みんな一人ずつ孤独である、けれども踏みとどまってやっているという共通項かな。僕自身、一度も会社勤めしたことがないし、不安で夜中に頭がクラクラして眠れない時もありますから。

**重松**　足立さんご自身もそうなわけだから、孤独と孤独がぶつかった時に交わされる言葉って、やっぱり深いんじゃないかなと思うんですよ。一期一会は、千客万来ではあり得ないと思うんだよね。人の孤独、あるいは「ひとり」を共有したからこそ、胸襟《きょうきん》を開くんじゃないのかなと思うんですよ。そういう面では、今までインタビューされた方に対する思いがあるとしたら、終わったあとというのはどんなふうになっていますか？　もっと好きになっています？

**足立**　重松さんでもそうですけれども、その後の仕事、特に新しい試みをなさっていると大いに気になりますね。北京オリンピックの時に中国に行かれてて、北京だけじゃなく四川省の地震の跡地からのレポートされたりとか、視点を意識的にズラしていらっしゃるのは、やはり共感するし感心しますよね。北京市内でも、公安に追い回されながら、農民工から話を聞こうとする。どこから見るか、どこに自分が立つか、徹底してこだわる。やっぱり重松さん、インタビューした時に感じたとおりだな、と。

**重松**　おそらくそれの原点というのは、学生時代に読んだ足立さんの『日本海のイカ』だったりするわけですけどね。もちろん、喧嘩で終わるインタビューというのも「あり」だとは思うんです。当然、その破壊力もすごいんだけど、やっぱり好きになって会った人とは、もっと好きになって別れたいという気持ちはしませんか？

**足立**　しますね、僕はそっちです。僕は好きな人と全身でぶつかるインタビューをして、その後はその人の動向を親しい知り合いのように見守る、というタイプです。今回の8人の言葉の一部は自分の中で血肉化しているから、もう他人じゃないんですよ。

**足立倫行**（あだち　のりゆき）

一九四八年、鳥取県生まれ。早稲田大学政治経済学部中退。ノンフィクション作家。主な著作には、『日本海のイカ』『妖怪と歩く　評伝・水木しげる』『人、旅に暮らす』『親と離れて「ひと」となる』『北里大学病院24時　生命を支える人びと』『海洋ニッポン　未知の領域に挑む人々』などがある。

# 悪党《あくとう》の金言《きんげん》

集英社新書〇四七五B

二〇〇九年一月二二日 第一刷発行
二〇一四年一〇月三一日 第二刷発行

著者……足立倫行《あだちのりゆき》
発行者……加藤 潤
発行所……株式会社集英社
東京都千代田区一ツ橋二-五-一〇　郵便番号一〇一-八〇五〇
電話　〇三-三二三〇-六三九一（編集部）
〇三-三二三〇-六〇八〇（読者係）
〇三-三二三〇-六三九三（販売部）書店専用

装幀……原 研哉
印刷所……凸版印刷株式会社
製本所……加藤製本株式会社

定価はカバーに表示してあります。



ISBN 978-4-08-720475-9 C0230



Printed in Japan